KB153602

도대체
기후위기가
뭐야?

10대를 위한 글로벌 사회탐구

도대체
기후위기가
뭐야?

안야 로임쉬셀 지음 | 이수영 옮김 | 홍화정 그림
해제 최우리

비룡소

신경준
한국환경교사모임 대변인, 숭문중학교 환경 교사

요즘 뉴스에는 이상기후로 신음하는 지구촌 곳곳의 모습이 자주 등장해요. 그렇다면 현재 세대는 과거 세대보다 기후에 얼마나 더 많은 영향을 받게 될까요? 2021년 과학 학술지 사이언스 Science에 기후위기의 세대 간 불평등에 관한 연구가 실렸어요. 벨기에 브뤼셀자유대학의 빔 티에리 교수 팀은 2020년에 태어난 아이들은 현재 60세인 사람보다 두 배 많은 가뭄과 산불, 세 배 많은 홍수와 식량 부족을 경험할 것으로 전망했지요.

현재 세대인 청소년들은 기후위기를 어떻게 인식하고 있을까요? 2020년 우리나라 국가환경교육센터에서 조사한 결과에 따르면, 이 조사에 참여한 청소년의 약 절반(48.7퍼센트)은 개인의 노력만으로는 미세 먼지나 기후변화와 같은 환경문제를 해결하기 어렵다고 답했어요. 여러분도 그렇게 생각하나요? 그렇다면 환경문제를 해결하기 위해서는 구체적으로 무엇을, 어떻게 해야 한다고 생각하나요?

저자는 그런 물음에 답을 주기 위해 이 책을 썼어요. 기후위기가 무엇인지, 왜 생겨났는지, 기후위기에 맞서 정치, 기업, 개인은 무엇을 할 수 있는지 명확히 알려주죠. 이 책은 다소 모호해 보이는 기후위기 문제를 더 또렷하게 만들어 줄 뿐 아니라 기후위기를 믿지 않는 이들의 주장에 팩트를 근거로 반론하고 있어, 기후위기 논쟁에서 똑 부러지게 대처할 수 있도록 도와줍니다. 기후위기에 대해 더 자세히 알고 싶은 친구뿐 아니라 기후위기가 진짜 있는 건지 의심하는 친구들에게도 이 책을 권해요.

현재 지구의 나이는 46억 살, 수많은 사람이 자원과 공간이 한정된 지구호를 타고 무한한 우주를 여행하고 있어요. 이 여행이 지속되려면 지구호에 탄 사람들 모두가 자원과 에너지를 아껴 써야 해요. 욕구를 줄이고 최대한 절제하며 살아야 하죠. 그게 지구호에 탑승한 지구인의 윤리입니다. 여러분이 이 책을 읽고 지구를 구하는 그린 리더가 되었으면 좋겠습니다.

차례

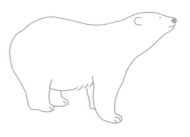

🌏 들어가는 말
인류에게 보내는 지구의 경고

이제부터 하려는 이야기는 환경에 대한 것입니다. 환경을 '우리를 둘러싸고 있는 주변 세계'라고 사전적으로 말하면 언뜻 우리와는 아무 상관없이 들릴 거예요. 어쨌든 환경은 우리를 둘러싸고 있습니다. 그런데 우리는 이 환경과 얼마나 자주 접촉할까요? 사과나무에서 꽃이 피고 참나무에서 잎이 떨어지는 걸 볼 수 있나요? 여름에 폭풍우가 지나간 뒤 젖은 흙에서 나는 냄새를 맡을 수 있나요? 공원의 나뭇잎 더미 아래서 겨울잠을 자는 고슴도치를 발견할 수 있나요?

선진국, 특히 대도시에 사는 사람들은 자연과는 멀리 떨어져 있습니다. 마치 자연이 전혀 필요하지 않은 것처럼 말이에요. 환경보호가 축구나 기타 연주와 같은 취미처럼 비치기도 해요. 그렇기 때문에 아무리 진부하게 들릴지라도 다시 한번 강조해서 말합니다. 우리는 환경 없이는 살 수가 없습니다. 왜냐하면 환경은 이런 것들이니까요.

우리가 숨 쉬는 데 필요한 산소를 내놓는 나무와 숲과 수생 식물들.

우리가 먹을 양식을 자라게 하고, 수많은 생명체가 살아가고 있는 지구.

암석층과 지층을 지나면서 걸러지고, 태양열로 증발되었다가, 구름이 되고 비가 되어 수 킬로미터의 배수관을 타고 우리 집까지 흘러드는 물.

무엇보다 우리를 경외심에 사로잡히게 하고, 우리가 세계의 주인이 아닌 한없이 보잘것없는 존재라 느끼게 하는 산, 바다, 사막, 해돋이와 해넘이.

우리의 삶은 바로 이런 환경에 의존합니다. 그럼에도 불구하고 우리는 끊임없이 환경을 파괴해요. 그것도 매일같이 말이죠.

현재 지구상에 살고 있는 77억여 사람들은 식량을 필요로 합니다. 또 자동차와 비행기를 타고, 집 안에서 난방을 하고, 스마트폰을 사용하며, 옷을 사고 싶어해요. 때로는 근사한 자동차와 보석들, 두툼한 지갑을 자랑하고 싶어하지요. 그 대가로 물은 점점 오염되고, 숲이 벌채되고, 동물과 사람들은 삶의 터전에서 쫓겨나며, 수많은 석탄과 석유와 가스가 소비됩니다. 이 때문에 학자들은 우리가 살고 있는 시대를 인류세Anthropocene라고 부릅니다. 인간의 활동이 지구의 환경을 바꾸는 시대라는 뜻에서죠.

인간의 자연 개입은 우리를 둘러싸고 있는 또 하나의 민감한 체계에 직접적인 영향을 줍니다. 바로 기후입니다. 기후변화는 인간이 자연을 함부로 다룬 결과이고, 이제는 자연과는 별 관계없이 살아가는 대도시 사람들도 기후변화의 여파를 체감해요. 점점 빈번하게 발생하는 극단적인 이상고온현상, 더 잦아진 태풍, 홍수, 가뭄 등에서 알 수 있지요.

2013년 필리핀을 강타한 초대형 태풍 '하이엔'은 7000여 명에 달하는 인명 피해를 불러왔습니다. 또 2020년 캘리포니아주, 워싱턴주 등 미국 서부 지역에서는 초대형 산불이 동시다

발적으로 발생해 수십만 명이 대피해야 했고, 피해액은 최소 200억 달러(약 24조 원)에 달했지요. 2021년 중국 정저우에서는 1년치 비가 사흘 만에 내려 최소 33명이 숨지고, 20만 명의 주민이 대피하기도 했어요. 기후변화는 이처럼 파국적인 결과를 불러옵니다. 그래서 이 책에서는 이제부터 기후변화^{climate change} 대신 기후위기^{climate crisis}라는 말을 쓰려고 합니다.

대체로 환경은 별 문제없이 변화를 잘 극복해나갑니다. 생태계는 놀라울 정도로 회복력이 강하거든요. 심지어 1986년 원자력발전소 사고로 방사능에 오염된 우크라이나의 체르노빌에서도 식물이 자라고 동물이 살아가고 있습니다. 이처럼 자연은 많은 것을 견뎌내지만 우리는 그러지 못하죠. 인간이 살기 위해서는 너무 뜨겁지도 춥지도 않고, 너무 메마르지도 축축하지도 않은 환경이 갖춰져야 해요. 동식물이 번성해 우리가 먹을 것이 자라고, 필요한 물건들을 만들어낼 수 있는 환경이 필요하지요.

따라서 환경보호는 원래 식물과 동물, 또는 지구의 문제가 아니에요. 지구는 이미 다른 재앙들도 충분히 견뎌왔으니까

요. 환경보호는 우리 인간의 문제입니다. 우리가 앞으로도 지난 150년 동안 살아온 방식으로 계속 살아간다면, 인류는 머지않아 지구상에서 자기 자신을 멸종시킨 최초의 종이 될 것입니다.

물론 인류의 멸종은 먼 훗날의 일일 거예요. 하지만 우리가 사는 세상은 앞으로 50년 내로 다음과 같은 모습일 수 있습니다.

디스토피아: 암담한 미래

때는 2070년입니다.

머지않아 닥칠 재앙이 공기 중에 퍼져 있습니다. 단지 보이지 않을 뿐이죠. 인류가 지난 200년 동안 수많은 공장의 굴뚝, 배기관, 화전식 농업, 대량 가축 사육, 쓰레기 더미를 통해서 배출한 위험한 가스들을 말하는 거예요. 사람들도 그 재앙을 느낍니다. 그동안 줄곧 무시되었지만, 기후위기는 학자들의 숱한 경고와 함께 이미 시작되었으니까요. 여름은 점점 뜨거워졌고 겨울은 점점 사나워졌습니다. 텔레비전과 신문은 '미국 곳곳에서 대형 산불, 폭염 상황 악화', '중국, 기록적 폭우에 이어 폭설로 몸살' 등의 헤드라인으로 장식되었습니다.

온대 지역에 사는 사람들은 햇볕이 내리쬐는 건조한 여름과 섭씨 20도를 웃도는 11월의 날씨를 한동안은 좋아했습니다. 지구온난화가 계속 진행돼도 괜찮겠다며 빈정거리기까지 했죠.

그러나 그사이 지구의 평균기온은 19세기 중반과 비교하여 2도가 높아졌습니다. 많은 전문가들이 평균기온 2도 상승을 몰락으로 들어가는 문턱으로 여겨요. 이것으로 대재앙을 측정하지요.

오랫동안 해수면 상승은 아주 커다란 위험으로 여겨졌습니다. 21세기 초에는 열 명 중 한 명 정도가 해수면 높이에서 살았어요. 그러다가 파도가 점점 더 세차게 바닷가로 밀려왔죠. 전체적으로 해수면은 지금까지 1미터 이상 높아졌는데, 그것은 21세기 초에 학자들이 예측했던 것보다 빠른 속도였어요. 그 정도면 별로 대수롭지 않다고 생각하겠지만 이는 엄청난 결과를 불러왔습니다.

2012년에 높이 7미터의 파도가 뉴욕을 강타했을 때만 해도 이는 매우 드문 사건이었습니다. 하지만 그사이 미국 동부 해안은 더 이상 아무도 살지 못하는 곳이 되었고, 매년 허리케인과 홍수가 반복해서 발생합니다. 지구의 바닷가 지역 대부분이 비슷한 상황에 처해 있지요. 미국 샌프란시스코, 인도 뭄바이, 베트남 호찌민 등의 항구도시는 홍수 위험이 두 배로 커져 사람들이 늘 불안에 떨며 살아요.

바닷가만 그런 피해를 입는 건 아닙니다. 습지와 늪지가 많은 방글라데시는 바닷물이 지하수로 흘러들었고, 2019년부터 바닷물이 흘러넘쳐 많은 지역 주민들이 뗏목에서 살아야 했어요. 작은 섬나라 주민들은 수십 년 전부터 삶의 터전을 지키려고 애썼어요. 전 세계에 기후위기 대응 방안을 마련하라고 항의했지요. 하지만 누가 작은 섬나라 사람들 일에 관심이나 갖겠어요? 결국 마셜제도, 키리바시, 투발루를 비롯한 많은 섬들이 이제는 완전히 물에 잠겨 사람이 살지 못하게 되었지요.

해수면 상승은 기온이 높아져 바닷물을 데우기 때문에 발생해요. 더운물은 팽창해서 부피가 늘어나니까요. 그 밖에 극지방의 빙하가 녹은 물이 계속 대양으로 흘러드는 것도 해수면 상승의 원인이 됩니다. 북극은 이제 여름에 얼음으로 덮인 곳이 거의 없어졌습니다. 동물들은 그 여파를 사람들보다 빨리 겪었어요. 북극곰, 바다코끼리, 고리무늬물범이 멸종됐고, 우리 대부분이 한 번도 들어본 적 없는 여러 종들이 사라졌습니다. 지구의 다른 곳에서는 붉은콜로부스원숭이, 롤로웨이원숭이, 톱가오리가 멸종됐습니다. 양서류의 40퍼센트, 해양 포유류의 3분의 1이 멸종됐고, 대부분의 산호초는 더는 존재하지 않습니다. 50만 종 육상 생물의 서식지도 계속 줄어들고 있고요. 그런데도 사람들은 멸종 생물들에 신경 쓸 겨를이 없습니다. 사람들 역시 멸종되지 않기 위해서 해야 할 일이 너무 많으니까요.

겨울에는 극심한 눈보라가 휘몰아쳐 미국, 유럽 중부와 북부, 아시아의 넓은 지역이 황폐해집니다. 많은 지역이 1년에 100일은 날이 너무 뜨거워 야외에 오래 있을 수 없어요. 지구 인구의 절반 이상이 그 피해를 겪고 있지요. 수백만 명이 무더위로 탈진하고, 매년 여름이면 수십만 명이 간이나 신장, 심장 등의 장기가 제 기능을 하지 못해 다발성

장기 부전, 심근경색, 패혈증 등으로 목숨을 잃습니다.

대형 산불과 수개월 동안 지속되는 가뭄은 많은 지역을 못 쓰는 땅으로 만들었습니다. 아열대 지방, 미국 남부, 중앙아프리카, 중동, 남아메리카의 많은 땅에서는 거의 아무것도 자라지 않게 되었고, 사람들은 떠나거나 굶어 죽었습니다. 아직 식물이 자라고 있는 곳은 이미 오래전 곤충들이 멸종된 탓에 사람의 손으로 꽃가루받이를 시켜야만 해요.

기후가 온화한 유럽에서는 아직 충분한 양식이 자라고 있지만 대신 다른 문제들과 싸워야 합니다. 한여름 무더위가 기승을 부릴 때는 엘베강처럼 큰 강들조차 강물이 말라버리고 라인강은 실개천으로 변해버립니다. 그러면 선박이 오고 갈 수 없어서 식량, 연료, 난방유가 원활히 공급되지 못하죠. 발전소 가동에 필요한 냉각수가 부족해서 전기가 끊기는 일도 잦습니다.

이런 갖가지 이유로 세계 곳곳에서는 식량이 부족합니다. 가난한 나라에서는 식료품이 집세와 기름값보다도 비싸고, 독일 같은 부자 나라에서도 식료품의 가격이 올랐어요. 중동과 북아프리카에서는 물을 둘러싼 전쟁이 끊이지 않고 있습니다.

반복되는 기근과 가뭄, 전쟁은 이른바 기후 난민을 만들었습니다. 급격한 환경 변화로 삶의 터전을 잃은 수많은 사람들이 위험을 무릅쓰고 국경을 넘었어요. 그들 대부분은 아프리카, 동남아시아, 남아메리카 출신으로, 선진국들이 낮은 임금으로 일을 시키면서 환경을 파괴한 나라에서 살던 사람들입니다. 어느 나라도 절망에 빠진 이들을 더 이상 받아들이려 하지 않아요. 전 세계적으로 10억 명 이상이 난민으로 떠돌고 있는 상황이지요.

어떤 이주자들은 무기로도 막을 수가 없었습니다. 뎅기열과 말라리아를 옮기는 열대 모기들은 이제 북유럽까지 확산되었어요. 또한 빙하 속에 꽁꽁 얼어 있던 수천 년 전 바이러스와 세균들이 밖으로 나오면서 이름 모를 병들이 퍼졌습니다. 우리의 면역 체계는 바이러스에 맞설 준비가 되지 않았고, 의학은 새로운 질병을 따라잡을 만큼 빠르게 발전하지 않았어요. 20세기 초에 약 5000만 명의 목숨을 앗아간 스페인 독감도 다시 퍼졌습니다. 대기오염 때문에 인간의 수명은 약 10년이 줄었지요. 2015년에 전 세계적으로 약 900만 명이 환경오염에 의한 질병으로 숨졌다면, 지금은 그보다 훨씬 많은 사람이 죽고 있습니다.

기온도 계속 올라서 지구가 무슨 열병에라도 걸린 것 같아요. 학자들이 이미 수십 년 전에 예언했던 일들은 벌써 시작됐습니다. 다시는 되돌릴 수 없는 자연의 위험한 변화 말이에요. 연구자들은 이런 과정

도대체 기후위기가 뭐야?

을 티핑 포인트Tipping Point 라고 불렀어요. 단어를 그대로 풀이하면 '갑자기 뒤집히는 점'이라는 뜻인데, 어떤 현상이 서서히 진행되다가 어느 순간 걷잡을 수 없이 폭발적 변화를 일으킨다는 의미지요. 시베리아와 북아메리카의 녹아내린 영구동토층에서, 남아메리카 열대우림이나 북반구 타이가 지대의 말라 죽은 숲에서, 심지어는 깊은 바닷속에서도 온실가스가 방출되고 있고 기후위기는 계속 가속화되고 있습니다.

이제부터는 인간이 무엇을 하든 아무 상관이 없습니다. 모든 것이 자연의 과정대로 흘러갈 뿐이니까요.

지금까지 묘사한 내용은 우리가 그리는 수많은 미래상 중 하나에 불과합니다. 지금까지의 생활 방식을 바꾸지 않으면 앞으로 수십 년 안에 이와 비슷한 모습이 될 테지요. 학자들은 미래를 상당히 정확하게 예측할 수 있어요. 오히려 조금은 조심스럽게 예측하는 경향이 있지요. 실제로 몇몇 지역에서는 기후위기가 예측보다 훨씬 빠르게 진행되고 있어요.

스웨덴의 청소년 환경 운동가 그레타 툰베리의 말대로 기후위기는 '인류에게 닥친 가장 큰 위기'입니다.

도대체 기후위기가 뭐야?

아마 꽤 충격적인 말로 들릴 거예요. 실제로도 그런 뜻으로 하는 말이고요. 이 책은 여러분에게 두려움을 주려고 합니다. 환경을 대하는 방식을 바꾸지 않았을 때 우리가 사는 세상이 어떻게 변할 것인가에 대한 두려움을 일깨우려고 합니다. 그러나 동시에 용기도 주고 싶습니다. 아직은 우리가 뭔가 할 수 있으니까요. 그래서 이 책의 2장과 3장에서는 우리 모두가, 정치인과 기업이, 그리고 여러분 각자가 어떻게 하면 인류를 구할 수 있을지 설명하려고 합니다.

그보다 앞서 일단은 우리가 우리의 행성을 매일 어떻게 파괴하고 있는지부터 살펴보려고 해요. 그래야 환경보호의 중요성이 보다 분명하게 드러날 테니까요.

1장
우리는 지구를 얼마나
파괴하고 있을까?

자, 그럼 가장 큰 문제인 기후위기에서부터 시작할까요? 인간의 환경 개입은 기후에 영향을 미치고, 기후의 변화는 결국 우리의 생존을 위협하니까요.

기후는 어떻게 변해왔을까?

세계기상기구^{WMO}에 따르면, 2020년 지구의 평균기온은 산업화 이전(1850~1900년)보다 1.2도 올랐으며, 역사상 가장 더운 3년 중 한 해였다고 해요. 2024년까지 적어도 한 해는 산업화 이전보다 1.5도 이상 오를 가능성이 있다고 전망했지요.

학자들은 현재의 기온을 항상 19세기 중반의 평균기온과 비교해요. 여러 나라에서 그때 처음 규칙적으로 기상관측을 했을 뿐 아니라 산업혁명이 이루어지던 때이기도 하니까요. 산업혁명으로 전에는 사람이 직접 만들던 것들을 서서히 기계들이 떠맡게 되었습니다. 수많은 공장이 세워졌고, 점점 더 많은 석탄, 석유, 천연가스가 채굴되고 연소되었어요. 에너지를 얻고, 모터를 가동하고, 각종 상품을 생산하기 위해서였지요. 그렇게 세계 경제가 발전해 오늘날 선진국 사람들은 과거에는 생각지도 못했던 복지를 누리게 되었어요.

이러한 복지의 대가는 각 가정과 수많은 공장의 굴뚝, 자동차의 배기관에서 내뿜는 이른바 온실가스로 치러야 했습니다. 온실가스란 지구 표면의 온도를 올리는 특정한 기체를 말해요. 이산화탄소와 메테인을 비롯해 아산화질소, 수소불화탄소, 과불화탄소 등이 있지요.

온실가스가 지구의 온도를 어떻게 올릴까요?

이 기체들은 공중으로 올라가 대기권으로 흘러듭니다. 대기는 마치 사과 껍질처럼 지구를 둘러싸고 있는 기체층을 말해요. 우주에서 쏟아지는 치명적인 광선으로부터 지구를 보호하고, 지구의 열이 우주로 빠져나가는 것을 막아주지요. 대기가 없으면 지표면에 도달한 태양 광선은 곧바로 우주 공간으로 나갈 거예요. 그러면 지구는 온통 얼음으로 뒤덮이겠지요.

이때 우주로 빠져나가는 지구의 열을 막아주는 게 바로 대기 중 온실가스예요. 온실가스 덕분에 지구는 평균 15도의 쾌적한 온도를 유지할 수 있는 것이죠. 이런 자연적인 온실효과가 없다면 지구의 평균기온은 영하 18도였을 거예요.

온실가스 중에서 보고, 느끼고, 냄새를 맡을 수는 없지만 지구에 아주 중대한 영향을 미치는 물질이 하나 있습니다. 바로 이산화탄소입니다. 이 기체는 유리창처럼 햇빛을 통과시키지만 지구에서 반사되는 복사열은 빠져나가지 못하게 해요. 지구의 역사가 흐르는 동안 화산들은 수많은 양의 이산화탄소를 토해냈습니다. 그중 일부는 대기권에 남아 지구의 온도를 서서히 데웠어요. 하지만 자연은 수백만 년에 걸쳐 암석을 부서뜨리는 화학적 풍화작용, 산소와 양분으로 이산화탄소를 분해하는 식물의 광합성, 대기에 의한 풍화작용을 통해서 이산화탄소의 일부를 다시 땅속에 저장했습니다. 우리가 이른바 화석연료라고 부르는 석탄, 석유, 천연가스의 형태로 말이에요.

지구상에 인류가 존재한 이래 대기권의 이산화탄소와 다른 가스들은 완벽한 균형을 이루고 있었습니다. 그래서 인류가 번성할 수 있었고, 대부분의 지역이 너무 춥거나 너무 덥지도 않았지요. 땅속에 지속적으로 묶여 있지 않은 이산화탄소는 흡수됐다가 다시 방출되기를 반복합니다. 식물은 이산화탄소를 흡수하고 산소를 내보내요. 이와 반대로 우리는 산소를 들이마시고 이산화탄소를 내뱉습니다. 그 밖에도 화산이 분출할 때, 식물이 썩거나 동물과 사람이 죽어서 부패할 때도 이산화탄소가 나와요. 그러면 물과 암석이 다시 이산화탄소를 흡수하죠.

우리 인간은 대략 150년 전부터 이 균형을 무너뜨리기 시작했어요. 우리가 화석연료를 태우면 그 안에 묶여 있던 이산화탄소는 다시 대기 중으로 풀려나요. 그런데 그 양은 자연이 다시 흡수할 수 없을 정도로 많습니다. 이 때문에 자연적인 온실효과에 더해 인위적인 온실효과까지 일으키는 것이죠. 우리가 지난 30년 동안 배출한 이산화탄소의 양은 매년 200~300억 톤인데, 이는 이전 수천 년 동안 모든 인간이 배출한 양과 맞먹는 규모입니다. 우리의 대기를 구성하는 이산화탄소는 0.0407퍼센트에 불과하지만 지구를 뜨겁게 하는 데는 충분한 양입니다. 산업혁명 이전 대기 중 이산화탄소 비율은 겨우 0.028퍼센트였습니다. 공기 속 질소(78퍼센트)와 산소(21퍼센트)와는 달리 이산화탄소 분자는 열을 흡수하고 다시 반사시켜요. 아주 적은 양으로도 지구에 영향을 주죠. 비교해서 말하자면, 독성이 매우 강한 비소 한 방울이나 방사성물질 플루토늄이 몇 밀리그램 들어 있는 물이 안전할까요? 당연히 위험합니다. 아주 적은 양이라도 강력한 영향을 끼치니까요.

온실가스 중 메테인에 대한 이야기도 자주 들었을 거예요. 메테인은 석유와 천연가스를 채굴하거나 소들이 먹이를 소화하는 과정에서 나옵니다. 이산화탄소보다 28배나 기후에 해롭지만 대신 약 9년 정도 대기 중에 머물러 있다가 분해돼요. 반면 이산화탄소는 한번 배출되면 최대 200년까지 대기 중에 머물러 있어 수 세대에 걸쳐 영향을 끼칩니다.

대기 중으로 배출되는 이산화탄소와 메테인, 다른 유해 물질이 많아질수록 지구는 점점 더 가열될 겁니다. 현재 지구의 평균 기온은 10년마다 0.2도씩 높아지고 있습니다. 이제 지구 온도가 1.5도나 2도가 오를 시점이 언제인지 쉽게 계산할 수 있을 거예요. 우리가 어떻게든 넘지 말아야 할 한계점이죠. 대부분의 정치인들은 2도 이상 올라가면 안 된다고 말하고, 학자들과 환경 운동가들은 1.5도를 넘기지 말아야 한다고 주장합니다. 하지만 이미 지구 육지의 표면 기온은 산업화 이전보다 평균 1.53도나 높아졌습니다. 지구 전체의 평균치가 아직 그 아래를 유지하는 건 대양 주변이 더 서늘하기 때문이에요.

지구가 더워질수록 인간과 자연에 미치는 영향은 그만큼 더 파괴적일 거예요. 그러니까 지구의 평균기온이 2도까지 오르는 건 괜찮다고 말하는 사람은 홍수와 가뭄, 태풍 등의 자연재해가 자주 발생하고, 더 많은 사람들이 굶어 죽고, 더 많은 동식물이 멸종되고, 더 많은 바닷가나 섬 주민들이 삶의 터전을 잃는 것을 감수하겠다는 뜻입니다.

학자들은 지구가 1.5도 이상 오르지 않게 하는 선에서, 인류가 내보낼 수 있는 이산화탄소의 양이 어느 정도 남아 있는지 계산했습니다. 이산화탄소 배출 허용량을 탄소 예산 carbon budget 이라고 하는데, 우리는 벌써 이 예산의 3분의 2를 써버렸습니다. 시간은 계속 흘러가고 있고요. 우리의 탄소 예산은 대략 2027년 안에 소진될 것이고, 그러면 상황은 정말로 급박해질 겁니다. 지구의 평균기온이 1.5도 이상 오르지 않게 하려면 2030년까지 이산화탄소 배출량을 2010년 대비 최소 45퍼센트 이상 줄여야 하고, 2050년까지 전 지구의 이산화탄소 순 배출량을 '0'으로 만들어야 합니다. 그럼에도 이산화탄소가 배출되는 곳이 있다면, 특수 시설이나 식물을 통해서 이산화탄소를 다시 거둬

대한민국도 이산화탄소 배출에서
자유롭지 않다!

대기 중에 이산화탄소를 배출하는 내연기관 자동차로 가득한 서울 강변북로. 그 위로 배출가스 5등급 차량을 제한하는 감시 카메라가 보인다. 2018년 기준, 배출가스를 특히 많이 내뿜는 5등급 차량은 전국 차량 10대 중 1대 꼴이었다. ⓒ연합뉴스

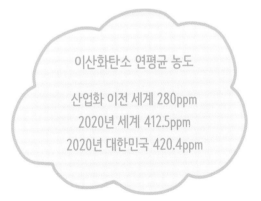

이산화탄소 연평균 농도

산업화 이전 세계 280ppm
2020년 세계 412.5ppm
2020년 대한민국 420.4ppm

들여야 해요. 그래야 배출량이 '0'이 될 테니까요.

많은 사람들이 말합니다. 기후는 지구상에 인간이 없을 때부터 항상 변해왔다고요. 물론 맞는 말이에요. 지구의 나이는 대략 46억 살입니다. 그동안 기후는 계속 변했고, 지난 65만 년 동안에만도 일곱 번 이상이나 변했지요. 하지만 그 변화들은 항상 자연 스스로 적응할 수 있을 만큼 서서히 진행되었습니다.

기후위기를 걱정하는 말들이 그저 공포심을 불러일으키려는 걸까요? 거기에 대해서는 의견이 갈릴 수 있습니다. 지구의 안위만 걱정하는 사람은 조금 더 느긋한 마음일 거예요. 하지만 우리 아이들과 손주들이 더 나은 세상에서 살기 바라는 사람은 두려움이 클 겁니다. 과거에 지구가 겪은 기후 재앙에서는 매번 모든 생물 종의 3분의 2가량이 멸종되었으니까요. 그런데 지금의 기후위기는 자연과 인간이 적응할 수 있는 것보다 훨씬 빠르게 진행되고 있어요. 전문가들은 이 기후위기가 자연적인 사건이 아니라 인간의 활동으로 일어났다는 점을 분명하게 나타내기 위해서 '인류 발생적' 기후위기라고 부릅니다.

오늘 하루, 내가 배출한
이산화탄소는?

 기후위기, 지나친 걱정 아니야?

어떤 사람들은 말합니다.

"기후위기는 존재하지 않아요!"

심지어는 수많은 사람의 안녕을 책임져야 할 정치인 중에도 기후위기는 없다고 말하는 사람들이 있습니다. 또는 기후위기가 인간에 의해 일어난 게 아니라고 말하죠. 거기에는 여러 가지 이유가 있습니다.

어떤 사람들은 우리의 생활 방식이 지구를 파괴한다는 생각에 두려움을 느낍니다. 기후위기를 차라리 꾸며낸 일이라고 믿고 싶어해요. 그래야 지금까지 살았던 것처럼 계속 살 수 있을 테니까요. 그래서 자신의 생각이 옳다고 확인해주는 정보들만 믿고, 자신의 생각과 일치하지 않는 정보들은 무시하지요. 심리학자들은 이런 현상을 확증 편향confirmation bias이라고 부릅니다.

또 어떤 사람들은 막대한 손해를 보는 상황을 막으려고 합니다. 미국 최대석유 회사 엑슨 모빌이나 자동차 회사 크라이슬러는 홍보 전문가들까지 고용해서 대중들이 기후위기를 의심하게 만들었어요. 기후보호법이 제정되고, 사람들이 자동차와 비행기 이용을 줄이고, 플라스틱 제품을 적게 구입하면 그 회사들이 가장 먼저 손해를 볼 테니까요. 그래서 기후위기와 관련된 연구들이 누구의 위탁을 받아 이루어졌고, 그 연구 결과로 이익을 보는 쪽이 누구인지를 면밀하게 살펴보아야 합니다. 이익을 보는 쪽이 특정 기업들인지, 아니면 인류인지를 말이죠.

기후위기가 발생하지 않는다고 믿는 이른바 기후 회의론자들은 지구가 더워지고 있다는 사실은 인정하지만 그것이 인류에게 그렇게 해로운 건 아니라고 주장합니다. 그러면서 지구온난화와 그 여파를 2040년까지만 계산하죠. 학자들은 급격한 지구온난화와 그 심각한 결과들(해수면 상승, 더 잦은 태풍, 가뭄 등)이 2050년 이후부터 비로소 나타날 거라 예측하는데 말이에요.

인간이 기후와 환경에 어떤 영향을 주는가는 매우 복잡한 문제이고, 전문가들도 그 문제를 아직 완전히 파악하지는 못합니다. 그럼에도 불구하고 대다수 학자들의 의견은 같아요. 기후위기는 분명히 일어나고 있고, 우리 인간들은 너무 많은 이산화탄소를 배출해 기후위기를 가속화시키고 있다고 말이죠. 2019년에 발표된 새로운 연구들은 이를 다시 한번 분명히 보여주었습니다. 기원후 2000년이 지나는 동안 지구 온도가 지난 수십 년처럼 빠르게, 그렇게 많은 지역에서 동시에 상승한 적은 없었습니다.

어느 쪽이 옳은지 판단하지 못해도 스스로에게 두 가지 질문을 해볼 수는 있을 거예요. '기후위기를 부인하는 건 누구에게 이익일까?', '기후위기가 일어나지 않는다고 해도, 환경과 잘 어울려 사는 일이 나쁜가?'라는 질문이죠.

자동차 사고가 일어나지 않을 거라고 믿어도 안전벨트는 착용하니까요.

[에너지] 화석연료가 환경에 미치는 영향

겨울에 집 안에 난방을 틀 때, 휴대폰을 충전할 때, 불을 켜거나 텔레비전을 틀 때, 의약품을 차게 보관하거나 인공호흡기를 작동할 때, 물건을 만들기 위해서 공장의 기계들을 가동할 때……. 이처럼 우리는 거의 모든 영역에서 전기를 사용합니다. 그리고 전기의 상당 부분을 여전히 화력발전소에서 얻고 있어요. 화석연료를 태우면 전기와 열이 발생합니다. 열이든 전기든 에너지를 생산하는 과정에서 온실가스가 배출되지요.

석탄 화력발전 사업은 기후위기의 주범으로 꼽힙니다. '탈석탄'이라는 세계적인 추세에 따라 많은 나라가 단계적으로 석탄 사용을 줄이고 있어요. 하지만 오스트레일리아, 중국 등 화석연료에 의존하는 국가들은 이를 쉽게 포기하지 못하고 있습니다. 중국의 경우 2060년까지 이산화탄소 순 배출량을 '0'으로 하는 탄소중립carbon neutral을 실현하겠다고 했지만 아직까지도 석탄 화력발전에 크게 의존해요. 석탄은 중국의 경제 발전을 이끈 에너지원으로, 2020년에는 전 세계 석탄 화력발전의 53퍼센트를 차지하기도 했습니다. 같은 해 중국의 신규 석탄 화력발전 설비는 전

2016년 중국 지린성의 석탄 화력발전소 굴뚝에서 연기가 뿜어져 나오는 모습. 석탄을 태우면 이산화탄소, 카드뮴, 수은 등 유해 물질이 나온다. ⓒ연합뉴스

세계가 건설한 양보다 3배 이상 많았죠.

인간이 석유와 천연가스를 땅속 깊은 곳에서 끌어올릴 때도 막대한 환경 피해가 발생합니다. 채굴 시설과 파이프라인을 건설하기 위해서 숲이 벌채되고, 강줄기가 막히고, 초원이 불태워지며, 늪지대가 메워지죠. 채굴 과정에서는 석유와 각종 화학물질로 오염된 폐수, 찌꺼기 등이 생깁니다. 이런 폐기물은 물과 토양을 오염시키고 동물과 사람에게 해를 끼쳐요. 물론 유조선이 가라앉았거나 해상 채굴 시설이 폭발하는 등의 대형 사고는 매우 드물어요. 하지만 석유 채굴과 운반 과정에서 석유가 흘러나와 물과 토양을 오염시키고, 새들의 깃털에 달라붙고, 암을 유발하고, 새끼 물고기들을 죽이는 일은 자주 발생하죠.

천연가스는 암석에 갇혀 있을 때가 많습니다. 그래서 천연가스를 밖으로 꺼내려면 아주 높은 압력으로 물과 석영 가루, 화학물질 혼합물을 땅속으로 뿜는데 이를 수압 파쇄법, 흔히 '프래킹Fracking'이라고 해요. 프래킹 작업으로 암석이 부서지면서 가스가 빠져나와 가스를 채굴할 수 있게 되죠. 그런데 이때 사용하는 화학물질들은 독성이 있고 지하수로 흘러들 수도 있어요.

이처럼 석탄, 석유, 천연가스를 생산하는 과정에서 많은 피해가 발생하기 때문에 거기서 얻는 전기는 '더러운 전기'로 여겨집니다. 반면에 원자력발전소는 온실가스를 배출하지 않는다는 이유에서 종종 '깨끗한 전기'라 부르기도 해요. 그러나 원자력발전소는 또 다른 환경 피해를 불러옵니다. 원자력발전의 원료인 우라늄 광석을 채굴할 때 주변 환경이 방사능에 오염돼요. 특히 저개발 국가들에서 그렇죠. 우라늄 1킬로그램을 얻는 데만도 방사능과 중금속에 오염된 1톤 분량의 광석 찌꺼기들이 나오니까요. 또 채굴 과정에서 굉장히 많은 양의 물이 쓰이기 때문에 사하라사막 남쪽에 위치한 니제르 같은 나라에서는 지하수의 수위까지 낮아지고 있습니다. 그렇지 않아도 사람과 자연을 위한 물이 부족한 나라에서 말이죠. 전기를 생산하고 난 뒤에도 방사성폐기물 처리 문제가 남습니다. 방사성폐기물은 안전한 곳에 수천 년 동안 보관해야 해요. 방사능이 누출되면 사람과 환경에 위험하고 각종 암을 일으킬 수 있으니까요.

간혹 일이 완전히 잘못되는 경우도 있어요. 원자로 사고는 굉장히 드문 일이지만 일단 일어나면 주변 지역의 모든 땅을 망가뜨리죠. 수많은 사람과 동식물의 건강을 앗아가고, 그들의 생활권을 파괴합니다. 1986년 우크라이나 체르노빌에서 일어난 원자력발전소 사고는 한 번쯤 들어봤을 거예요. 2011년에는 일본 후쿠시마에서도 비슷한 사고가 일어났지요. 핵물질로 오염되고 파괴된 체르노빌 원자로는 앞으로 100년 동안 방사능이 누출되지 않도록 폐쇄할 수 있었던 반면, 후쿠시마 원자력발전소의 망가진 원자로는 여전히 바다를 오염시키고 있습니다. 원자로 내부에서 녹아내린 핵 연료봉의 조각들을 아직 완전히 회수하지 못한 탓에 계속 방사능이 누출되고 있기 때문이죠. 그로 인해 바닷물은 날마다 계속해서 방사능에 오염되고 있습니다.

[교통] 더 빨리, 더 높이, 더 해롭게

우리의 교통수단은 에너지 생산 다음으로 많은 온실가스를 배출합니다. 한 사람이 1킬로미터를 이동할 때 배출되는 온실가스의 양을 계산하면 대략 다음과 같아요.

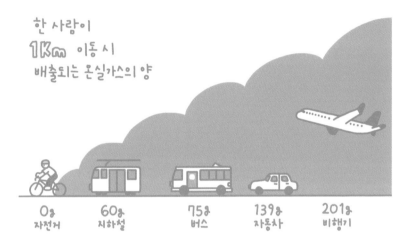

교통에서 배출되는 온실가스의 약 95퍼센트는 자동차와 화물차, 버스를 모두 포함한 도로 교통수단이 차지합니다. 거기에 기차와 배, 비행기에서 나오는 온실가스들이 더해지죠. 교통에서 배출되는 것으로 온실가스 외에도 특히 미세 먼지가 위험

합니다. 차량을 운행하고 브레이크를 밟을 때 미세 먼지가 생겨요. 미세 먼지는 폐로 들어가거나 혈액에 섞여 들어가 암과 각종 심장 질환을 일으킬 수 있기 때문에 생명체에 해를 끼치죠. 식물도 미세 먼지로 고통을 겪기는 마찬가지예요. 미세 먼지가 잎에 쌓여 습기를 빼앗아가기 때문이죠. 그러면 식물은 무방비 상태에서 바싹 마르게 돼요.

미세 먼지는 무엇보다 도시에 사는 사람들의 건강을 위협합니다. 선진국보다는 저개발 국가에서 더 심각하죠. 그곳에서는 오래된 자동차들이 운행되는 데다 오염 물질을 정화하지 않고 내보내는 공장들도 많고, 더 많은 쓰레기를 태우기 때문입니다. 그래서 납, 아연, 크롬 등의 중금속이 공기 중에 떠다니는데, 우리가 숨을 쉴 때 이런 유해 물질들을 들이마시게 됩니다.

미세 먼지만 문제인 건 아니에요. 우리는 교통 문제를 다루면서 배는 떠올리지 못할 때가 많습니다. 전 세계적으로 모든 화물의 3분의 2는 배로 운반되는 데도요. 배는 오염된 폐수와 쓰레기를 직접 바다에 버리는 일로 환경을 오염시킵니다. 이런 일은 대부분 국적 없는 바다에서 이루어집니다. 어느 국가에 속해 있지 않은 바다, 공해 말이에요. 공해에서는 법이 제대로 지

2020년 미세 먼지로 휩싸인 태국 방콕의 모습. 2019년 태국은 초미세 먼지로 인해 방콕 시내 학교들에 휴교령을 내리기도 했다. ⓒ연합뉴스

켜지는지를 어느 한 나라가 관리하지 않습니다. 그 때문에 모든 나라가 협력해야 해요. 바다를 보호하는 건 어느 나라에 속하든 상관없이 모든 인류가 해야 하는 일이니까요.

비행기는 또 어떨까요? 비행기는 언론에서 흔히 '기후 킬러'로 부르는 환경오염의 주범입니다. 세계 전체로 보면 비행기는 소수가 이용하는 교통수단이에요. 지금까지 세계 인구의 약 80퍼센트는 아직 한 번도 비행기를 탄 적이 없다고 하는데, 항공 승객은 해마다 40억 명에 달합니다. 그러니까 많은 사람들이 여러 번 비행기를 탄다는 뜻이겠죠. 독일에서 뉴욕을 한 번 왕복할 때 배출되는 이산화탄소는 약 4톤이라고 합니다. 독일 함부르크의 한 연구 팀이 계산한 바에 따르면, 공기 중에 배출된 이산화탄소 1톤이 북극의 빙하를 3제곱미터가량 녹인다고 해요. 그러니까 독일 사람이 뉴욕 여행을 한 번 하면, 작은 방 하나 크기인 12제곱미터의 얼음이 녹는 셈이죠.

그런데 상황은 나아질 기미가 보이지 않습니다. 관광은 세계에서 가장 빠르게 성장하고 있는 산업이고 점점 더 많은 사람들이 비행기를 타고 여행을 다니기 때문입니다. 특히 경제가 급속도로 발전하고 있는 신흥공업국에서 여행을 다니는 사람들이 점점 많아지고 있어요. 항공교통이 지금까지처럼 계속 발달한다면 비행기는 앞으로 30년 안에 전 세계 이산화탄소 배출량의 20퍼센트 이상을 차지하게 될 것입니다. 지금은 2.5퍼센트에 불과하지만 말이죠.

관광업의 발달은 환경에 입히는 또 다른 피해를 고려할 때도 심각한 문제입니다. 예를 들어 스쿠버다이빙과 스노클링을 즐기는 사람들은 비록 고의는 아니지만 큼직한 물안경과 오리발로 물고기들을 쫓아버립니다. 스쿠버다이버들이 긴 오리발로 산호를 차서 부러뜨리는 일도 많고요. 이뿐만 아니라 관광 보트를 정박할 때 내리는 강철로 된 닻은 바다의 밑바닥을 파고들면서 동물들에게 상처를 입히고 물속 식물들을 파괴하죠. 해수욕을 즐기는 거의 모든 사람이 바르는 선크림은 아무리 방수 효과가 좋다고 해도 대부분은 곧바로 물에 씻겨나갑니다. 선크림의 자외선 차단 성분이 바다에 들어가면 산호초를 죽이고 해양 생태계를 파괴할 수도 있지요.

물 대신 눈을 즐기는 관광객들도 환경을 생각하지 않는 건 마찬가지예요. 예컨대 대부분의 스키장은 자연 눈이 와도 인공 눈을 만들어 뿌립니다. 인공 눈에서 스키를 탈 때 훨씬 더 잘 미끄러지기 때문이죠. 인공 눈을 뿌리려면 굉장히 많은 에너지와 물이 필요합니다. 일반적으로 약 1224평의 땅에 인공 눈을 뿌리려면 약 90만 리터에 달하는 물이 필요하다고 해요.

[식량] 우리를 먹여 살리느라 자연이 치르는 대가

석유와 석탄이 환경을 오염시킨다는 사실은 누구나 쉽게 생각할 수 있을 거예요. 보기에도 끈적거리고 더러우니까요. 하지만 맛있는 샐러드나 눈처럼 하얀 우유가 환경에 해를 입힌다는 건 좀처럼 떠올리기 어렵죠. 2021년 미국 일리노이대학교의 연구에 따르면, 세계의 식량 생산으로 연간 173억여 톤의 온실가스가 배출된다고 해요. 전 세계 온실가스 배출량의 3분의 1에 해당하는 양이죠.

소, 닭, 돼지 등 가축 사육

고기, 햄, 치즈, 우유, 요구르트, 달걀은 동물에게서 나오거나 동물성 원료로 만들어지는 것들이에요. 많은 사람들이 매일 이 음식들을 먹을 테죠. 흔히 먹는 닭은 전 세계적으로 1년에 약 650억 마리가 식탁에 오른다고 해요. 이제는 신흥공업국이나 저개발 국가들에서도 점점 더 고기를 많이 먹기 때문에 도축되는 가축의 수도 더 늘어날 테지요.

우리가 먹는 가축들도 당연히 뭔가를 먹고 자랍니다. 그리고 그 많은 가축의 사료로 쓰일 작물을 재배하려면 막대한 땅이 필요해요. 세계적으로 볼 때 얼음으로 덮이지 않은 땅의 4분의 1 이상이 방목지로 이용되고 있고, 농경지의 3분의 1에서는 사료용 작물을 키우고 있습니다. 전체적으로 보면 전 세계 농업용 면적의 약 80퍼센트를 가축 사육에 이용하는 것이죠.

문제는 인간이 땅을 필요로 하는 곳 어디서나 원래 그곳에 살던 동물과 식물이 쫓겨난다는 사실입니다. 그 때문에 인간의 토지 이용은 수많은 동식물을 위협하는 중요한 요인이 되었지요. 가축 사료로 특히 애용되는 작물이 콩입니다. 비교적 값이 싸면서도 동물의 근육과 몸집을 키우는 데 필요한 단백질 함유량이 높기 때문이에요. 닭고기 1킬로그램을 얻으려면 콩도 거의 1킬

인류는 더 많은 가축을 사육하기 위해 공장식 축산을 선택했다. ⓒ연합뉴스

도대체 기후위기가 뭐야?

로그램이 필요해요. 콩은 특히 남아메리카에서 많이 나는데, 아마존 지역 등지의 숲들이 콩 재배로 파괴되는 상황입니다. 더 많은 콩을 얻으려고 숲을 밀어버리는 거죠. 숲을 그냥 태워버리는 일도 자주 있고요.

가축을 키우는 일은 온실가스를 배출시키기도 합니다. 예를 들면 가축우리에 난방을 하고 기계들을 가동할 때, 사료를 농장으로 옮기거나 동물들을 도축장으로 운반할 때죠. 연구마다 결과의 차이가 있지만 대략 소고기는 1킬로그램당 이산화탄소 13킬로그램을 배출해요. 반면, 사과는 1킬로그램당 0.5킬로그램의 이산화탄소가 배출된다고 하고요. 여러분이 먹는 빅맥 하나는 자동차로 25킬로미터를 가는 것과 같은 양의 이산화탄소를 배출합니다.

이산화탄소만 문제인 것은 아닙니다. 닭에 이어 두 번째로 많은 가축인 소는 기후에 특히 해로운 가스를 배출해요. 바로 메테인입니다. 소가 먹는 사료는 되새김질을 통해서 장내 세균들에 의해 분해되고 발효됩니다. 이 과정에서 소는 트림이나 방귀로 매일 약 250리터의 메테인을 배출해요. 메테인은 민물에 사는 물고기들에 의해서도 발생합니다. 이들의 배설물은 바닥으로

빅맥 하나의 이산화탄소 배출량 ＝
자동차로 25km 갈 때 이산화탄소 배출량

가라앉는데, 거기서 메테인이 나와 공중으로 올라가는 거예요.

소, 돼지 등 가축들의 배설물 역시 환경에 해롭습니다. 물론 이런 배설물은 지극히 자연적이에요. 하지만 우리가 고기 및 동물성 제품을 생산하기 위해서 사육하는 가축의 수를 생각하면 그렇지 않습니다. 독일에서만 매년 가축들이 배설하는 분뇨의 양이 2억 세제곱미터에 달하는데, 이는 국민 한 사람당 욕조 12개에 분뇨를 가득 채운 것과 같은 양이라고 해요. 스테이크 1킬로그램을 얻을 때마다 분뇨 20리터가 나온다는 뜻이죠.

가축의 배설물은 거름으로 만들어져 경작지에 뿌려져요. 그 안에 들어 있는 질소가 식물이 성장하는 데 필요하기 때문이죠. 그런데 식물이 이용할 수 있는 양보다 많은 거름을 뿌리면 질소는 질산염의 형태로 지하수에 스며들어요. 질산염은 우리 몸에서 암을 유발할 수 있어서 수도관을 통해 식수로 흘러들기 전에 걸러내야 합니다. 이런 정화 작업에는 많은 에너지가 들어가서 수돗물 가격이 오르게 돼요. 가축의 배설물이 만든 피해의 대가를 농업이 지불하는 것이죠. 분뇨에 들어 있는 또 다른 물질들도 대기와 지하수로 들어옵니다. 인은 물속에서 자라는 해조류를 지나치게 성장시키거나 다른 생물들을 위협하고, 암모니아는 곤충과 식물들에 해를 입히지요.

가축 사육은 물을 오염시키는 것에 그치지 않고 막대한 양의 물도 소비해요. 소고기 1킬로그램을 얻으려면 약 1만 5500리터의 물이 필요하죠. 쌀 1킬로그램을 생산하기 위해서는 물 3000리터가 필요한데, 이와 비교하면 어마어마한 양입니다.

이처럼 가축 사육은 자연에 많은 피해를 입힐 뿐 아니라 우리에게 주는 이익도 그렇게 많지 않습니다. 고기와 유제품은 우리가 섭취하는 칼로리의 18퍼센트만 채울 뿐이니까요. 그 밖에도 고기를 많이 먹으면 건강에도 좋지 않습니다.

그렇다고 고기 대신 생선을 먹는 게 꼭 환경에 더 친화적인 건 아닙니다. 현재 물고기 자원의 3분의 1은 마구잡이로 잡히고 있어요. 거기에다 우리가 먹지는 않았지만 그물에 걸려 목숨을 잃은 수많은 물속 동물들의 피해도 생각해야 합니다.

채소, 과일 등 농작물 재배

우리가 먹는 농작물을 재배할 때도 땅과 물이 필요하고 온실가스가 배출돼요. 전 세계적으로 보았을 때, 사용 가능한 땅의 약 12퍼센트, 이용되는 물의 약 40퍼센트, 온실가스 배출량의 약

7퍼센트가 해당되죠. 하지만 그보다 더 큰 문제들이 있습니다.

각종 비료가 경작지에서 지하수로 흘러들어 식수를 오염시키고, 강과 호수의 생태계를 파괴하는 것입니다. 물속에 양분이 너무 많으면 표면에서 특히 많은 해조류들이 자라나요. 그러면 더 깊은 물속의 식물과 동물에게까지 햇빛이 뚫고 들어가지 못하지요. 물속 식물과 동물이 죽으면 세균들에 의해 분해가 됩니다. 이때 세균들이 산소를 너무 많이 써서 다른 물속 생물들에게 산소가 부족해지죠. 그렇게 '죽음의 지대'가 생겨납니다. 또한 경작지에 뿌리는 비료는 다른 식물들의 성장까지 촉진합니다. 그래서 나무들이 쑥쑥 잘 자라기는 하지만 너무 빨리 성장한 탓에 단단하지 못해서 병충해에 잘 걸리게 돼요.

농작물의 해충 피해를 막기 위해서 뿌리는 살충제는 해충만 잡는 것이 아니라 식물의 꽃가루받이에 없어서는 안 될 벌과 곤충들에게도 피해를 줍니다. 그래서 곤충을 잡아먹는 새들은 먹이가 부족해지고, 먹이를 구하러 떠돌거나 굶어 죽게 돼요.

현대 농업에서는 경작지의 규모가 굉장히 커졌어요. 그러면서 예전에 작은 땅들을 서로 구분해주던 산울타리와 작은 숲 지대도 없어졌지요. 이곳들에서 새들이 부화하고, 작은 동물들이 둥지를 틀고, 곤충들이 먹이를 찾을 수 있었는데 말이에요. 이런 생활권이 없어지면 곤충과 새와 야생동물이 줄어들고 종의 다양성도 줄어듭니다.

경작지에서는 대부분 무거운 기계로 땅을 눌러 다지는 방식으로 작업을 해요. 그러면 땅은 비옥함을 잃어버리고, 많은 양의 이산화탄소를 저장하지 못하게 되지요.

농부들은 최대한 많이 수확하기 위해서 품종을 개량한 비슷한 종들을 키워요. 그래서 우리가 슈퍼마켓에서 사는 과일과 채소들은 품종마다 똑같아 보이죠. 동물과 식물의 다양성이 점점 사라지고 있는 거예요.

우리가 사계절 내내 당연하게 여기며 구입하는 토마토, 파프리카, 오이 같은 채소는 물이 많이 부족한 나라들에서 재배돼요. 예를 들어 스페인 알메리아에서는 축구장 4만 5000개 크기의 땅에 설치한 거대한 비닐하우스에서 채소를 키웁니다. 우주에서 지구를 보면 흰색 표면이 마치 비닐하우스 바다처럼 보일 정도로 거대하죠. 그것은 동시에 엄청난 양의 쓰레기를 의미합니다. 비닐하우스의 플라스틱 방수포는 수명이 영원하지 않으니까요. 그 지역은 강이 거의 없기 때문에 농부들이 지하수를

마치 플라스틱 바다처럼 보이는 스페인 알메리아의 모습. ⓒ연합뉴스

끌어다 농업용수로 사용해요. 그러다 보니 나머지 자연은 물을 제대로 공급받지 못하지요. 또 비닐하우스 지역 때문에 멸종 위기에 처한 이베리아스라소니 같은 동물도 서식지와 먹이의 원천을 잃게 됩니다.

야자나무 열매에서 짜내는 팜유는 동물과 자연에 아주 나빠요. 팜유는 우리가 먹는 수많은 식품에 들어 있습니다. 대규모 팜유 농장을 조성하기 위해서 해마다 수십 제곱킬로미터의 열대림이 벌채되고 있고, 그 이유로 인도네시아에서는 오랑

우탄과 수마트라호랑이가 멸종 위기에 처했어요. 1980년부터 2000년 사이에 파괴된 열대림의 규모는 100만 제곱킬로미터에 달합니다. 이는 한반도 면적의 5배에 이르는 규모예요.

농업도 경제의 한 분야에 속합니다. 그래서 최대한 적은 비용을 투자해 최대한 많은 이익을 얻으려고 하죠. 나아가서는 세계 인구가 계속 증가하고 있기 때문에 점점 더 많은 사람을 먹여 살려야 하는 문제도 있습니다. 현대식 기계와 새로운 기술, 다양한 비료와 살충제, 동식물의 품종개량은 그것을 가능하게 만들었어요. 20세기 초에는 농부 한 명이 수확하는 작물로 4명을 먹였다면, 오늘날의 농부는 자신의 수확물을 135명에게 공급할 수 있습니다. 이제 적은 돈으로도 많은 식량을 살 수 있게 됐지요. 하지만 그 대가는 환경이 치러야 합니다.

식량의 운반과 저장

환경 피해는 식량의 운반 과정에서도 발생합니다. 우리가 바나나와 초콜릿과 새우를 즐겨 먹는다면, 특히나 기후에 해를 끼치게 되죠. 이런 식량들은 장거리 운반을 거쳐 우리에게 오거든요. 새우를 예로 들어볼까요? 북해에서 잡힌 새우는 일단 배로 모로코로 옮겨집니다. 거기서 저임금 노동자들의 손에서 깨끗하게 손질돼요. 그다음 소비자에게 운반되죠. 겨울에 꼭 딸기를 먹어야 하는 사람은 더욱 온실가스를 배출하는 거예요. 과일과 채소가 겨울에 온실이나 비닐하우스에서 자라면, 제철에 재배되는 것보다 약 30배나 많은 온실가스를 내놓기 때문이에요. 또한 냉동식품은 운반 이외에도 냉동 처리에 들어가는 에너지 소비로 인해서 신선 식품에 비해 훨씬 많은 온실가스를 배출합니다.

유럽을 위해 아프리카에서 가져오는 물

엄청난 양의 물이 페트병에 담겨 팔립니다. 어떤 물은 고급스럽게 포장돼 조금 더 비싼 값으로 팔리기도 하죠. 2016년 약 854조 원이던 세계 물 시장 규모는 2020년 약 998조 원으로 늘었어요. 사실 비싸게 상품화되어 멀리 운반되는 물이나 그냥 수도꼭지에서 흘러나오는 물이나 별 차이가 없습니다. 우리 몸에서는 똑같은 물로 받아들여요. 오히려 햇빛에 오랜 시간 노출된 페트병 속 물은 몸에 좋지 않은 영향을 끼쳐요. 게다가 페트병에 들어 있는 물에는 아주 작은 플라스틱 입자인 미세플라스틱이 섞일 수도 있고요. 그러면 물을 마시면서 미세플라스틱도 함께 마시는 셈이죠. 그것이 우리의 건강에 얼마나, 어떻게 해로울지는 아직 정확히 모릅니다. 그러나 페트병에 든 물이 환경에 나쁘다는 건 분명해요. 페트병을 생산할 때는 물론이고 나중에 버려졌을 때도 많은 에너지와 비용이 드니까요. 화물차나 배나 비행기를 이용해 수원지에서 슈퍼마켓으로 물을 운반할 때는 온실가스가 배출되고요. 반면에 수돗물은 가까운 주변에서 공급되며 가격도 훨씬 저렴합니다.

생수 기업이 파키스탄, 남아프리카, 프랑스 같은 그렇잖아도 물이 많지 않은 곳들에서 물을 퍼내면, 그곳 환경은 파괴될 수밖에 없습니다. 하루에 수십만 리터의 물을 지하수에서 퍼내기 때문이지요. 지하수의 수위는 낮아지고, 식물과 동물은 충분한 물을 찾지 못하고, 우물들은 말라버릴 거예요.

[소비] 우리의 소비가 지구를 아프게 한다고?

지극히 당연한 사실이지만 어떤 물건을 살 수 있으려면 먼저 물건이 만들어져야 해요. 갖가지 물건들 중에서도 강철, 시멘트, 화학 성분이 든 제품들을 생산할 때 환경 피해는 가장 큽니다. 이런 제품들은 우리가 일상에서 끊임없이 접하는 자동차나 집, 또는 딸기 요구르트 같은 것들 속에 감춰져 있어요. 놀랍겠지만 딸기 요구르트에도 인공 향료와 색소, 방부제 같은 화학 성분이 들어가 있답니다.

이미 오래전에 만들어진 물건들 중에서도 계속해서 온실가스를 배출하는 것들이 있어요. 페인트, 소화기, 에어컨, 소음 방지 유리창, 단열재 등이죠. 이런 제품들에서 배출되는 온실가스가 아직은 적지만 점점 많아지는 추세입니다.

우리 몸에 걸치는 플라스틱

지구에서 해마다 새로 생산되는 옷은 약 1000억 벌입니다. 한 사람당 일 년에 약 13벌의 옷을 새로 구입하는 셈이지요. 팔리지 않는 옷들은 종종 소각 처리되는데, 이는 환경오염의 원인이 됩니다. 면 셔츠 한 장을 생산하려면 평균 2700리터의 물이 소비되지만 경우에 따라서는 1만 5000리터까지 들어갈 수도 있어요. 그뿐만이 아니에요. 옷감을 물들이는 염료에는 독성 물질이 들어 있는 경우도 많아요. 싼값으로 옷을 만드는 나라들에서는 환경법이 엄격하지 않기 때문이죠. 그래서 독성 물질이 들어 있는 염색하고 남은 물이 그냥 강이나 바다로 흘러들어요.

폴리에스테르 같은 플라스틱으로 만든 옷은 또 다른 이유에서 우리의 물을 오염시킵니다. 합성섬유로 만든 옷을 세탁하면 미세플라스틱의 일종인 미세섬유가 떨어져 나와 하수구로 배출돼요. 6킬로그램 정도의 옷을 세탁기에 돌리면 약 70만 가닥의 미세섬유가 나온다는 연구 결과도 있었어요. 하수처리장에서는 그런 미세섬유를 완전히 걸러내지 못해요. 그렇게 배출된 미세섬유는 강이나 호수, 바다로 흘러들어 작은 물고기들과 그 물고기들을 먹는 더 큰 물고기들의 몸속에 이르게 됩니다. 그리고 결국에는 우리도 미세플라스틱 섬유를 먹고 마시게 되죠. 우리가 입는 옷들 중에서 열에 일곱은 합성섬유로 만들어지기 때문에 문제는 점점 더 심각해지고 있어요.

책 속 나무들

책과 잡지, 가구, 그 밖에 여러 제품들을 만들기 위해 매일 수많은 나무가 벌채되고 있고, 그중 거의 절반은 종이로 만들어져요. 그것만으로도 이미 아주 많은 양이죠. 문제는 그렇게 이용되는 목재들 중 상당수가 처음부터 베어낼 목적으로 심은 나무들만이 아니라 불법 벌채된 나무들에서 나온다는 사실입니다. 그 과정에서는 나무들만 쓰러지는 것이 아니라 거기 살던 동물들이 쫓겨나고 다른 식물들도 살 수 없게 되지요.

버려지는 반품 상품들

요즘은 점점 더 많은 사람들이 온라인으로 쇼핑을 합니다. 실용적이고 편리하기 때문이죠. 북적이는 상점을 돌아다닐 필요가 없고 옷을 입어보려고 탈의실 앞에서 차례를 기다릴 필요도 없으니까요. 어떤 사람들은 한 제품을 두 가지 사이즈로 주문했다가 나중에 잘 맞지 않는 것을 반품하기도 합니다. 무료 반품 서비스를 제공하는 판매자들도 많으니까요. 소비자들에게는 근사한 일이지만 환경에는 그렇지 않습니다. 소비자에게 운송하고 다시 판매자에게 반송하는 과정에서 당연히 온실가스가 배출돼요. 판매자 입장에서는 반품된 상품들을 새로 포장해 다시 판매하기보다 그냥 버리는 편이 더 저렴한 경우들도 있습니다. 그 밖에도 속옷이나 매트리스 같은 일부 제품은 다시 판매하기

여러분의 반품은
쓰레기 산을 만듭니다!

#온라인 쇼핑 #배송 폐기물 #쓰레기 산
#반품 #환경 피해

에 비위생적일 수 있고요. 그래서 반품되는 제품의 일부는 곧바로 폐기 처분됩니다.

봉지 속 동물의 고통

백화점이나 잘 알려진 온라인 쇼핑몰에서 구입하지 못하는 물건들도 있습니다. 그런 물건을 사는 사람은 범죄자와 거래하게 될 수도 있어요. 상아, 코뿔소 뿔, 동물의 뼛가루, 뱀 껍질, 그 밖에 멸종 위기 동물로 만든 제품들입니다.

상아로는 각종 공예품과 장신구가 만들어집니다. 상아 거래는 1989년부터 국제적으로 금지되었는데도 말이죠. 수많은 밀렵으로 코끼리 수가 점점 줄어들자 밀렵꾼들은 이제 하마의 커다란 엄니를 팔고 있습니다. 베트남에서는 코뿔소의 뼛가루가 암, 간질, 류머티즘 치료제로 판매되고 있고요. 호랑이는 뼈를 갈아 정력제 등을 만든다며 불법으로 포획돼 죽임을 당합니다. 그런 약들이 효과가 있다는 사실이 전혀 입증되지 않았는데도 말이죠. 그건 그저 돈벌이가 되는 미신일 뿐입니다.

고릴라와 침팬지는 미식가들을 위한 요릿감으로 포획되고, 그 새끼들은 애완동물로 팔려갑니다. 바다에서는 고래와 돌고

2016년 케냐 정부는 코끼리 밀렵을 막기 위해 105톤 규모의 코끼리 상아를 압수해 소각했다. ⓒ연합뉴스

래 같은 해양 포유류가 매년 10만 마리씩 죽음에 이릅니다. 고래 고기는 식용으로 팔리거나 물고기들의 먹이로 사용되고요.

전 세계적으로 야생동물 불법 거래 규모는 매년 약 23조 원에 달합니다. 무기 거래나 마약 거래로나 벌어들일 수 있을 정도로 막대한 돈이죠. 몇몇 나라에서는 돈만 지불하면 표범이나 불곰, 사자, 북극곰 같은 멸종 위기 동물까지도 사냥할 수 있다고 합니다.

아무리 불황이라도 사람들은 어딘가 살 집이 있어야 하고, 일을 해야 하고, 사람과 차가 다닐 도로도 필요합니다. 그러니 항상 뭔가 건설되고 있어야 하죠. 이때 특히 많이 사용되는 건축 재료가 석회석과 진흙 등을 섞어 만든 시멘트입니다. 시멘트를 생산하려면 아주 많은 에너지가 소비돼요. 1450도의 고온에서 구워야 얻을 수 있기 때문이죠. 시멘트의 재료인 석회석을 채굴하는 곳에서는 숲이 벌채되고, 동물들이 쫓겨나고, 많은 양의 물이 소비돼요. 이뿐만 아니라 석회석에 갇혀 있던 막대한 양의 이산화탄소도 배출됩니다.

건물을 지으려면 모래도 필요합니다. 모래는 어디에나 흔하게 있으니 괜찮다고 생각할 거예요. 하지만 모래도 언젠가는 모두 없어집니다. 모래는 유리, 실리콘, 콘크리트 등을 만드는 재료가 돼요. 단독주택 한 채를 짓는 데만도 약 200톤의 모래가 필요하지요. 또 육지 면적이 부족할 때는 모래로 바다를 메워 도시를 건설하기도 합니다. 싱가포르는 그런 방식으로 1960년 대에 육지 면적을 580제곱킬로미터에서 719제곱킬로미터로 확장했어요. 건설할 때 말고도 모래는 전구, 치약, 샴푸, 노트북과 휴대폰의 액정에도 들어가 있고, 심지어는 식품과 포도주에도 모래에서 채취하는 물질인 이산화규소가 들어가요.

이런 여러 가지 이유로 모래에 대한 수요는 지난 20년 동안 세 배나 증가했습니다. 해마다 전 세계로 운반되는 모래는 약 500억 톤에 달해요. 부피로만 계산했을 때 물 다음으로 많이 채취되는 원료이죠. 심지어는 모래 거래가 범죄자들의 표적이 되기도 합니다. 2008년 자메이카의 한 바닷가에서는 화물차 수백 대에 실린 모래를 도난당하는 사건이 발생했어요. 인도에서는 불법 모래 채취를 조사하던 기자들이 살해되는 일도 있었고요.

유엔환경계획UNEP은 우리가 이용할 수 있는 모래가 점점 부족해질 거라고 경고합니다. 하필 사막에 넘치도록 많은 모래는 입자가 너무 작아 콘크리트 등에 사용할 수 없어요. 참 어이없지요? 사막의 도시 두바이를 상징하는 세계 최고층 건물 부르즈 할리파는 전부 오스트레일리아 모래로 지어졌어요.

어떤 사람들은 아마 그냥 모래일 뿐인데 무슨 문제냐고 생각할 거예요. 하지만 그렇지 않습니다. 모래는 강과 강변을 지탱해요. 그래서 모래를 그냥 퍼내면 강가가 무너져 물이 주변 지역으로 범람하게 됩니다. 그로 인해 지하수의 수위가 낮아질 수 있

영국 트레스코의 한 해변에서 누군가가 굴착기로 모래를 파내고 있다. ⓒJohn Rostron 출처: 위키피디아

고, 동물과 식물은 물이 부족해지죠. 그 밖에도 살아가는 데 모래가 필요한 동물들도 있습니다. 모래를 파고들어 가 적으로부터 몸을 숨기거나 모래에 알을 낳아 부화하기 위해서, 또는 먹이를 찾기 위해서죠. 자연에 쓸모없는 건 아무것도 없으니까요.

[쓰레기] 쓰레기는 어디로 갈까?

우리가 더 이상 사용하지 않는 물건들은 대부분 쓰레기통으로 들어가요. 우리는 그걸 내버리죠. 여러분은 쓸모가 없어져서 버린 물건에 대해 얼마나 자주 생각하나요? 솔직히 말해서 눈에서 멀어지면 마음도 멀어져요. 하지만 여러분이 버린 물건은 쓰레기통에서 다음 여행을 시작합니다. 때로는 여러분에게 간 길보다 먼 길을 돌아야 할 여행이죠.

재활용을 잘하고 있다는 착각

재활용은 원래 좋은 생각이에요. 쓰레기가 새로운 원료로 다시 사용되는 것을 뜻하니까요. 예를 들어 플라스틱 쓰레기는 재활용 시설에서 잘게 부숴져 장난감이나 옷, 또는 공원 의자 등을 만드는 재료로 쓰여요. 종이 쓰레기는 책과 포장재, 화장지 등으로 재활용되고, 유리는 새 유리와 병으로 만들어집니다.

하지만 재활용 비율은 생각만큼 높지 않습니다. 2013년 조사에 따르면, 경제협력개발기구[OECD] 회원국 중 쓰레기 재활용을 가장 잘하는 나라는 독일(65퍼센트)이라고 해요. 독일 환경부는 쓰레기의 80퍼센트가 재활용된다고 주장하죠. 하지만 그건 재활용 시설에 모인 쓰레기만 계산한 수치입니다. 재활용 시설에서는 다시 한번 쓰레기를 분류해요. 그때 플라스틱 분리수거함

출처: 한국일보, 「당신의 재활용 수고, 60%는 그대로 버려진다」(2020.12.22.) 참고

에 모인 쓰레기의 약 절반이 곧바로 선별되는데, 플라스틱이 아니거나 재활용이 되지 않는 쓰레기들이 섞여 있기 때문이에요.

쓰레기에서 얻는 전기

재활용이 되지 않는 쓰레기들은 열처리를 통해 활용돼요. 그럴듯하게 들리겠지만 실상은 불에 태운다는 뜻입니다. 기저귀와 진공청소기용 먼지 봉투 같은 일반 생활 쓰레기들은 소각장으로 보내져요. 2014년 미국 국립대기연구센터^{NCAR}는 해마다 전 세계에서 발생하는 쓰레기 20억 톤 가운데 약 41퍼센트가 불에 태워진다고 발표했어요.

그나마 다행인 건 많은 소각장에서 쓰레기를 태울 때 발생하는 열에너지를 전기 등으로 활용한다는 것입니다. 소각장 안의 가마 온도는 800도에 달하죠. 소각이 끝나면 재와 불에 타지 않는 찌꺼기인 슬래그가 남아요. 슬래그는 지하수를 오염시키고 인간과 자연에 해로워요. 부분적으로는 도로 건설에 사용되기도 하지만 지하수로 흘러들지 않도록 주의해야 합니다. 그 밖에도 쓰레기를 태울 때는 기후에 해로운 가스들이 배출돼요. 그뿐만 아니라 원래는 재사용이 가능하고 쓸모 있는 원료가 포함된 쓰레기까지 태워지는 일도 많지요.

음식물 쓰레기에서도 에너지를 생산할 수 있습니다. 분리수거된 음식물 쓰레기는 바이오가스 생산 시설에서 공기가 통하지 않는 커다란 통으로 보내집니다. 그러면 미생물들이 38도의 온도에서 3주 동안 음식물 쓰레기들을 분해하죠. 이 과정에서 가스가 발생하는데, 이 가스는 도시가스망으로 보내져 각 가정에 열을 공급하거나 발전소에서 전기로 전환됩니다.

다른 나라로 보내지는 쓰레기들

미국은 다른 어느 나라보다도 많은 양의 쓰레기를 배출해요. 2019년 연구 결과 1인당 쓰레기 생산량이 전 세계 평균보다 3배 이상 많은 것으로 나타났죠. 미국에서 매년 재활용되는 플라스틱 쓰레기는 전체의 약 8퍼센트에 불과하며, 나머지는 매립 또는 소각되거나 저개발 국가로 수출됩니다. 2017년까지는 중국이 전 세계 플라스틱 쓰레기의 절반을 받아들였지만 지금은 폐기물 수입을 금지한 상태예요. 이에 선진국들은 말레이시아, 인도네시아, 필리핀 등 주로 동남아시아 국가에 대량의 쓰레기를 떠넘기고 있습니다.

동남아시아 국가들이 쓰레기를 수입하는 이유는 이를 가공해 원료로 사용할 수 있기 때문이에요. 쓰레기에는 귀중한 자원이 뒤섞여 있을 가능성도 많으니까요. 다른 나라에서 많은 에너지와 노동력을 들이고 환경에 나쁜 영향을 주면서까지 채굴한 철, 구리, 탄탈 같은 원료들 말이에요. 이런 원료들은 계속 사용할 수 있어요. 다만 최대한 환경에 해를 입히지 않는 방식으로 쓰레기에서 분리시켜야 하죠. 하지만 저개발 국가들의 쓰레기 매립장에서는 수많은 사람이 환경을 해치는 방식으로 그런 일을 하고 있어요. 예를 들면 폐기된 전자 제품에 들어 있는 귀금속을 분리하기 위해서 플라스틱 몸체를 아예 태워버리죠. 그것은 그들의 폐와 공기를 망가뜨리는 독입니다.

선진국에서 보낸 쓰레기가 다른 나라에서 어떻게 처리되는지 아무도 통제하지 않습니다. 재활용이 되는지 불법적으로 소각되는지, 아니면 자연에 그냥 쌓아두는지 전혀 신경 쓰지 않아요. 아마 거기 사람들과 환경은 큰 고통을 겪고 있을 테지요.

도대체 기후위기가 뭐야?

세계는 지금
'쓰레기 폭탄 돌리기' 진행 중!

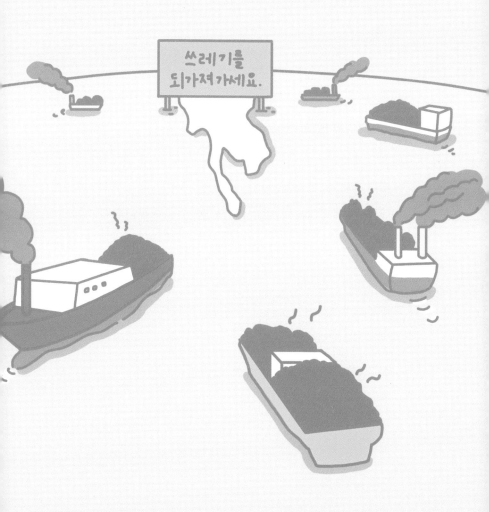

많아도 너무 많은 플라스틱

플라스틱은 우리의 삶을 편리하게 해줍니다. 가벼운 페트병에 담긴 음료가 있는데 누가 무거운 유리병들을 집까지 질질 끌고 오겠어요? 또 장바구니를 깜박 잊고 갔다는 이유만으로 장보기를 포기할 사람이 있을까요? 그냥 비닐봉지를 사면 간단할 텐데요. 또 강아지를 데리고 산책을 다닐 때 애완견 배변 봉투가 없으면 어떻게 배변을 치울 수 있겠어요?

1950년부터 2015년까지 전 세계에서 생산된 플라스틱은 약 83억 톤에 달합니다. 현재 지구상에 살고 있는 사람 1인당 1톤이 넘는 양이죠. 이 중 63억 톤이 쓰레기로 폐기되었다고 해요. 대부분의 플라스틱은 빨대와 비닐봉지 같은 일회용 제품과 포장재의 형태로 만들어졌어요. 다시 말해서 사용 즉시 다시 버려지는 용도로 생산되는 것이지요.

이는 엄청난 에너지와 자원 낭비입니다. 전 세계적으로 매년 비닐봉지를 생산하는 과정에서만 3100만 톤의 이산화탄소가 배출됩니다. 플라스틱 생산이 계속 증가한다면 이산화탄소 배출량은 2050년까지 500억 톤 이상이 될 거예요. 그것은 탄소 예산의 10퍼센트가 넘어요. 분해되는 바이오플라스틱을 만들면 해결할 수 있다고요? 아니, 이건 해결책이 아니에요. 바이오플라스틱은 사탕수수, 옥수수, 볏짚 등 식물 자원을 원료로 만들어져 폐기 후 분해되기는 하지만 생산하는 데 많은 에너지가 들어요. 원료를 키우는 데에도 드넓은 경작지와 물이 필요하죠.

인간이 그동안 생산한 플라스틱의 약 90퍼센트는 재활용도 소각도 되지 않아요. 그 때문에 2050년까지 대략 120억 톤의 플라스틱 쓰레기가 주변 환경으로 배출되어 아주 오랜 시간에 걸쳐 서서히 분해될 것입니다. 페트병 하나가 분해되기까지는 450년이 걸리고 낚싯줄은 600년이나 걸려요. 그마저도 진짜로 썩어 없어지는 것이 아니라 태양의 자외선과 바람과 물에 의해 미세플라스틱으로 부서지는 것이죠. 미세플라스틱은 5밀리미터보다 작은 플라스틱 입자예요. 이런 미세플라스틱은 우리가 매일 사용하는 화장품, 샴푸, 각질 제거제, 치약에도 들어 있어요. 이 입자들은 하수처리장에서 걸러지지 않기 때문에 언젠가는 바다로 흘러갑니다. 거기에다 바람에 실려간 비닐봉지, 일회용 플라스틱 컵, 배에서 쏟아버리는 쓰레기, 화물선의 컨테이너에 실려 있다가 바다로 떨어진 레고 조각들도 바다를 이리저리 둥둥 떠다니죠.

바다 밑에서 산꼭대기까지 온통 플라스틱

전 세계에서 바다로 버려진 쓰레기는 해류와 바람의 영향으로 떠돌다가 한 곳에 소용돌이치며 뭉쳐 거대한 쓰레기 지대를 형성했어요. 일명 '태평양 쓰레기 섬'이라 불리는 이곳은 각종 어망과 페트병, 비닐, 플라스틱 장난감들로 이루어졌어요. 남태평양과 인도양과 대서양에도 또 다른 쓰레기 섬이 있습니다. 게다가 해마다 500만에서 1300만 톤, 어쩌면 그보다 많은 양의 플라스틱 쓰레기가 더해지죠. 심지어는 세계에서 가장 깊은 곳으로 알려진 마리아나해구의 약 1만 1000미터 깊이에서도 비닐봉지가 나왔다고 해요. 지금 우리는 숨을 쉴 때도 플라스틱을 들이마시고 있을지 모릅니다. 연구자들은 알프스산맥과 북극의 눈에서도 미세플라스틱을 찾아냈으니까요. 학자들은 미세플라스틱이 공기를 통해서 그렇게 멀리까지 옮겨질 수 있다고 말합니다. 우리가 일 분에 몇 번이나 들이마시는 바로 그 공기를 통해서요.

플라스틱은 해양 동물들에게 치명적이에요. 플라스틱 입자들은 아주 작은 물고기들처럼 반짝거리고 비닐봉지는 해파리처럼 나풀거리며 물속을 떠다니죠. 그러면 큰 물고기들과 다른 해양

태평양 쓰레기 섬을 이룬 쓰레기의 모습. 전 세계에서 바다로 버려진 비닐과 플라스틱 등이 모여있다.
ⓒJustin Dolske 출처: 위키피디아

동물들은 그런 쓰레기를 먹잇감으로 착각해서 삼켜버려요. 그렇게 해양 동물들의 배 속으로 들어간 플라스틱은 거의 소화되지 않거나 소화되는 데 오랜 시간이 걸립니다. 그래서 너무 오랫동안 포만감을 느낀 동물들은 결국 굶어 죽게 돼요. 요즘에는 배 속에 플라스틱이 가득한 채 죽어간 바닷새와 고래들이 계속 발견되고 있어요. 끝이 뾰족한 플라스틱이 동물들에게 상처를 입히기도 하고, 버려진 어망이나 비닐봉지, 또는 다른 쓰레기들에 동물들의 몸이 뒤엉키는 경우도 있습니다. 때로는 쓰레기가 목에 감기거나 아가미에 걸리기도 하고요. 현재 바닷새와 해양 포유류의 40퍼센트 이상과 바다거북의 86퍼센트 정도가 플라스틱 쓰레기로 위협을 받는 상황입니다. 바닷새는 열 마리 중 아홉 마리가 배 속에 플라스틱이 들어 있어요. 해마다 10만 마리의 해양 포유류와 100만 마리의 바닷새가 쓰레기 때문에 죽어갑니다.

학자들은 미세플라스틱 입자가 얼마나 위험한지 아직 자세히 알지 못해요. 플라스틱에는 암을 유발하는 유해 물질이 들어 있으니 해로울 거라고 생각하는 것이죠. 그것은 동물들에게 해를 입힐 수 있고, 결국에는 인간들도 피해를 입게 될 거예요. 물고기의 몸에 있는 것들은 언젠가는 생선 요리로 만들어져 우리의 식탁에 오를 테니까요. 최근에 사람의 대변에서도 미세플라스틱이 검출됐어요. 실험 대상은 비록 유럽과 일본, 러시아 국적자 여덟 명뿐이었지만요. 이들은 대변 샘플을 채취하기 전 주에 모두 플라스틱 포장재에 든 음식을 먹거나 페트병에 든 물을 마셨고, 대부분이 생선이나 해산물과 고기를 먹었어요. 학자들은 미세플라스틱이 몸에서 염증을 일으키고 위장을 손상시킬 수 있다고 보고 있어요. 하지만 아직은 그와 관련된 연구가 충분히 진행되고 있지는 않아요.

버리는 물도 쓰레기에 속할 수 있어요. 많은 나라에서 산업 폐수와 각 가정의 생활하수가 아무런 규제 없이 강과 바다로 흘러들어 가니까요. 전 세계적으로 하수의 80퍼센트가 걸러지지 않은 채 강과 호수와 바다로 흘러들고 있습니다.

전쟁이 자연에 남긴 흔적

선진국 사람들은 아주 특별한 사치를 누리고 살아요. 환경보호에 대해 차분하게 생각할 수 있다는 것이죠. 어떤 나라들에서는 폭탄이 떨어지거나 무장한 드론이 하늘을 지날 때 어떻게 하면 목숨을 지킬 수 있을지 고민해야 하거든요. 전쟁이나 무장 충돌이 벌어지면 사람들이 고통을 겪는 건 물론이고, 자연이 파괴되고 막대한 양의 온실가스도 배출돼요. 화학 무기, 탱크와 전투기들이 내뿜는 배기가스, 무기 생산에 들어가는 에너지와 자원, 완전히 파괴된 주변 환경은 자연과 사람들의 삶에 헤아릴 수 없을 만큼 막대한 피해를 줍니다. 거기에 파괴된 도시들을 재건하는 데 들어가는 에너지와 자원까지 생각해야 하죠.

과거의 전쟁들은 이미 자연에 그 흔적을 남겼어요. 1946년부터 1958년까지 미국이 실시한 핵실험은 지금까지도 환경에 해를 끼치고 있습니다. 미국은 그때 핵폐기물을 두꺼운 콘크리트로 밀봉해 태평양의 마셜제도에 매립했어요. 하지만 두꺼운 콘크리트층도 수십 년이 지나는 동안 공기에 노출되면서 균열이 발생했고, 그로 인해 방사성물질이 태평양으로 유출될 수 있다는 염려가 제기되고 있어요.

1960년대에 벌어진 베트남전쟁 당시 미국 전투기들은 강력한 제초제 약 4500만 리터를 베트남 정글 위로 뿌렸어요. 일명 고엽제로 불리는 '에이전트 오렌지'는 식물의 잎을 인위적으로 떨어뜨리는 맹독성 약제로, 정글에 숨어 있는 적군을 더 잘 찾아낼 목적으로 만들어진 것이었어요. 당시 전투가 벌어진 지역들의 토양은 지금도 여전히 오염된 상태입니다. 전문가들에 따르면 고엽제에 중독된 많은 동물 종이 멸종됐다고 해요.

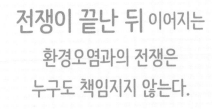

전쟁이 끝난 뒤 이어지는
환경오염과의 전쟁은
누구도 책임지지 않는다.

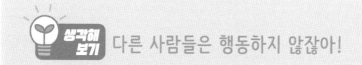

우리는 기후위기가 큰 문제라는 사실을 알아요. 그렇지만 대부분은 그에 맞게 행동하지 않습니다. 우리 세계에 닥칠 일을 분명하게 떠올리기 어려우니까 그냥 다른 일을 하는 거죠. 가령 재미난 웹툰을 보고, 컴퓨터게임을 즐기고, 친구들과 시간을 보냅니다. 지금까지 살아왔던 방식대로 계속 자동차를 타고 다니고, 비행기를 타고 여행하고, 대량 사육되는 동물들의 고기를 먹죠. '남들도 다 그렇게 사는데 왜 나만 뭔가 포기해야 해?' 여러분도 그렇게 생각하지 않나요?

이런 상태를 '생각과 행동의 괴리'라고 말해요. 어떻게 행동해야 하는지 알지만 그렇게 행동하지 않는다는 뜻이에요. 다른 사람들도 그렇게 행동하지 않기 때문이죠. 사람들은 보통 남들이 하는 대로 따라 하는 것을 좋아하니까요.

우리의 이런 태도가 환경보호에는 도움이 될 수도 있습니다. 많은 사람이 솔선수범해서 환경친화적으로 살아갈수록 뒤따라 실천하는 사람들도 많아질 테니까요. 그러니 여러분이 만일 그런 행동을 한다면 지구를 구하는 사람이 될 뿐만 아니라 다른 사람들의 마음을 움직일 수도 있을 것입니다. 여러분이 더 이상 비행기를 타지 않고 패스트푸드와 고기를 먹지 않는다면, 또는 적어도 그 모든 일을 줄이려고 노력한다면, 언젠가는 여러분의 친구들도 그 사실을 알게 될 거예요. 아마 어떤 친구들은 이상하게 생각할 수도 있어요. 어쩌면 비웃는 친구들도 있겠죠. 시간은 좀 걸리겠지만 무엇이 중요한지 알게 된다면 그 친구들도 분명 동참할 거예요.

심리학자들이 말하길 우리 인간은 다른 사람들의 행동에 영향을 받고, 거기에 방향을 맞춰요. 예를 들어 자주 어울리는 친구들 중에서 담배를 피우는 사람이 아무도 없으면 흡연자인 사람도 담배를 피우고 싶은 마음이 줄어들 거예요. 자기 혼자만 문밖에서 담배를 피우고 싶은 사람은 별로 없을 테니까요. 또 친구들이 가까운 산이나 계곡에서 보낸 휴가에 대해 즐겁게 이야기하고 있으면 카리브해로 유람선 여행을 다녀온 사람은 더 이상 신나게 자랑하지 못해요.

그러니 여러분에게 환경보호는 지극히 당연한 일이 되어야 합니다.

환경오염의 결과

정도의 차이는 있겠지만 우리가 하는 모든 행동은 환경에, 동식물과 기후에 강한 영향을 줍니다. 우리는 지구를 갖가지 형태로 오염시키고 파괴하고 있습니다. 그 결과도 다음과 같이 다양하죠.

뜨거운 공기와 축축한 땅 지구가 더워지면 강물과 바닷물도 더워져서 더 많은 수증기가 대기로 올라갑니다. 수증기는 온실가스와 똑같이 작용해서 온실효과를 강화시키죠. 거기에 또 다른 문제도 생겨요. 더 따뜻해진 공기는 비로 내려야 할 습기를 더 많이 흡수합니다. 그 때문에 폭풍우와 해일이 잦아져요. 이뿐만 아니라 축축해진 땅은 기후에 해로운 메테인 같은 가스를 제대로 저장하지 못합니다. 반면에 수증기가 구름의 형태로 다른 곳으로 이동한 지역들은 비가 오지 않아서 땅이 메말라버리고요.

유난히 더워진 극지방 지구 모든 지역이 고르게 더워지는 것이 아니에요. 극지방의 온도가 유독 빠르게 높아집니다. 북극의 빙하는 이미 절반으로 줄었고 수십 년 안에 여름이면 완전히 녹을 수도 있어요. 태양 광선을 반사시킬 수 있는 투명한 얼음층이 사라지면 지구온난화는 더 심해집니다. 어두운 대양이 더 많은 태양에너지를 흡수해서 더 더워지기 때문이지요. 그 밖에도 빙하

가 녹은 물은 해수면을 상승시키는데, 지난 100년 사이에 이미 20센티미터가 높아졌습니다. 태평양에 있는 섬들은 해수면의 높이와 거의 비슷하기 때문에 서서히 바다에 잠길 수 있고요.

가뭄과 화재 전체적으로 비가 적게 내립니다. 2020년 미국 항공우주국NASA은 유럽 지역 지표면에 물이 부족하고 지하수가 고갈되었다고 밝혔어요. 그해 체코는 500년 만의 최악의 가뭄이라고 부를 정도로 상태가 심각했지요.

메마르고 쇠약해진 식물은 쉽게 불이 붙어요. 최근 지구는 초대형 화재로 몸살을 앓고 있습니다. 2019년 8월에는 브라질 아마존 열대우림에 대형 화재가 발생했어요. 북극도 불에 탔습니다. 북극권 숲 바닥은 이탄(썩지 않은 식물의 잔해와 진흙이 섞인 토양)으로 덮여 있는데, 이탄은 불에 타면 일반 토양보다 이산화탄소를 10배 이상 방출해요. 극지방에 불이 나면 전 지구적으로 큰 피해를 입게 되지요.

죽어가는 숲 우리가 절실히 필요로 하는 나무들이 물 부족, 가뭄, 공기 오염, 주변 경작지의 과도한 비료 사용으로 약해집니다. 지난 2004년 인도양에서 발생한 지진해일로 인도네시아를 포함한 14개 국가에서 약 28만 명이 사망했어요. 많은 전문가들은 해일 피해를 막아주던 맹그로브숲이 무분별하게 개발되어 더 큰 피해가 발생했다고 했어요. 자연 방파제 역할을 해주던 숲이 파괴되어 바닷물이 그대로 바닷가로 덮쳤기 때문이죠.

크고 작은 나무가 가득한 숲은 이산화탄소 농도를 낮추고 미세 먼지를 줄여주는 역할도 합니다. 나무와 숲이 파괴되면 식물이 많은 양의 이산화탄소에 노출되는 바람에 양분이 풍부한 열매를 맺지 못해요. 따라서 그 열매를 먹은 우리도 결국에는 영양분이 부족해지죠.

녹아내리는 북반구 북반구의 약 4분의 1은 일 년 내내 얼어 있는 영구동토층으로 이루어졌습니다. 그런데 이 영구동토층이 서서히 녹고 있고, 그것은 기후위기를 한층 더 심화시켜요. 영구동토층에는 지난 수백만 년 동안 죽은 생물도 함께 얼어붙어 있습니다. 이 땅이 녹으면 죽은 생물이 썩기 시작할 거예요. 그 과정에서 새로운 온실가스가 새어나올 테고요. 오래전에 박멸되었다고 여겨진 매우 위험한 병원균들도 얼음 속에 있다가 풀려날 것입니다. 스페인 독감이나 페스트를 일으킨 바이러스, 또는 우리가 전혀 모르는 새로운 바이러스와 세균들까지도 말이죠.

기후 난민 발생 가뭄, 자연재해, 해수면 상승은 자연만이 아니라 수많은 사람들의 생활 터전도 파괴합니다. 그러면 많은 사람이 정든 고향을 떠나 다른 곳에서 새 삶을 시작해야 하죠. 세계은행[WB]이 예측한 바로는 2050년에 기후위기로 피난을 가는 사람이 약 1억 4000만 명에 이를 거라고 합니다. 국제 환경단체 그린피스는 2040년이면 2억 명의 기후 난민이 발생할 거라 보고 있어요.

산성화되는 바다 대기 중으로 배출되는 이산화탄소의 양이 많을수록 물속으로 스며드는 이산화탄소의 양도 많아집니다. 이산화탄소의 일부는 물속에서 탄산으로 전환돼요. 탄산은 컵에 따랐을 때 기포가 솟아오르는 모습으로 청량감을 주지만, 바닷속에서 바닷물을 산성으로 변하게 만들지요. 산성화된 바닷물은 여러 바다 생물을 위험에 빠뜨립니다. 산은 석회를 녹여요. 그래서 석회로 이루어진 조개와 산호의 껍데기와 골격을 점점 얇게 만들지요. 많은 바다 동물들이 먹고 사는 작은 해조류는 산성을 띤 바닷물에서 더디게 번식합니다. 그러면 해조류에 의존해 살아가는 동물들이 굶을 수밖에 없어요.

생태계 균형 파괴　지구온난화는 예민한 생태계의 균형을 깨뜨립니다. 보통 동물과 식물은 특정한 기후에 적응해서 살아가요. 기후가 변하면 동물은 대개 기후가 더 좋은 지역으로 이동하지요. 그런데 곳곳의 도시와 도로, 울타리들이 길을 막으면서 이동하기 어려워졌습니다. 오늘날에는 1990년대보다 두 배는 많은 지역에 도시가 건설되었기 때문이죠. 인간의 욕심으로 지구 면적의 4분의 3이 변화했고, 습지는 85퍼센트가 사라졌습니다. 동물과 식물은 더 적합한 기후대로 퍼져나가지 못하면 서서히 죽어갈 거예요. 현재 전 세계적으로 숲에서 살아가는 동물의 수는 50년 전에 비해 겨우 절반에 불과해요. 2019년 유엔 산하 생물다양성과학기구IPBES의 평가에 따르면 전체 동식물 800만 종 가운데 100만 종 이상이 멸종 위기라고 해요. 양서류의 40퍼센트, 산호류의 33퍼센트, 해양 포유류의 33퍼센트가 멸종 위기 명단에 포함되어 있어요.

무엇보다 지난 세기 동안 생물 종의 다양성은 20퍼센트나 줄었습니다. 자연 생태계의 크기는 절반으로 줄어들었고요. 전 세계 곤충 종 가운데의 약 40퍼센트가 급속한 개체 수 감소를 겪고 있고, 현재와 같은 추세라면 앞으로 100년 내에 곤충이 멸종될 수 있다는 조사 결과도 있어요. 야외에서 음식을 먹을 때는 신경에 거슬리지만 꿀벌과 뒤영벌이나 말벌은 식물의 꽃가루받이에 없어서는 안 됩니다. 이 곤충들이 없으면 슈퍼마켓의 판매대는 텅 빌 것이고 모든 제품의 절반 이상이 더는 생산되지 못할 거예요. 온갖 과일과 초콜릿, 냉동 피자도 없을 것이고 식물 성분을 포함한 탈취제나 샴푸, 옷도 만들지 못할 겁니다. 곤충들이 없으면 새와 두더지, 고슴도치 같은 동물들의 먹이가 부족해지고, 그러면 이 동물들도 줄어들겠죠. 유럽에서는 지난 25년 사이 곤충을 먹는 새들의 수가 13퍼센트나 줄었다고 합니다.

대부분의 동물 종은 인간이 점점 더 자연에 깊이 개입하고, 세계 인구가 70억 명 이상으로 증가하는 사이에 사라졌습니다. 그 때문에 2019년 세계자연기금WWF 독일 지부장은 다음과 같이 경고했어요. "공룡이 소행성 충돌로 멸종했다면 오늘날 존재하는 동식물은 인류 때문에 멸종할 것입니다." 지난 5억 년 사이에 지구상의 생명은 화산 폭발과 극심한 빙하기, 또는 운석 충돌로 인해서 다섯 번이나 거의 완전한 멸종을 겪었습니다. 오늘날 우리는 여섯 번째 집단 죽음에, 우리 인간이 초래한 멸종에 직면해 있습니다.

그 사이 점점 더 많은 사람들이 이런 심각한 상황을 인식하게 되었습니다. 2020년 여론조사 업체 글로브스캔의 조사 결과에 따르면, 설문이 실시된 27개국에서 90퍼센트 가량의 응답자들이 기후위기를 매우 심각하거나 어느 정도 심각한 문제라고 생각하고 있었어요. 미국에서는 기후위기를 심각하게 여기는 사람의 비중이 2014년 60퍼센트에서 2020년 81퍼센트로 늘었고요. 하지만 또 어떤 설문 조사에 따르면 자동차나 비행기를 타는 횟수를 줄여야 한다고 대답한 사람은 절반도 되지 않았고, 고속도로 속도 제한에 찬성하는 사람은 40퍼센트뿐이었습니다. 그렇게 놀라운 일은 아니에요. 사람들은 누군가 자기 삶에 간섭하는 것을 싫어하니까요. 비록 환경보호를 위해서라도 말이죠. 하지만 이건 우리의 미래가 달린 문제입니다. 특히 젊은 세대와 부모들과 조부모들은 기후위기에 관심을 가져야만 합니다.

사람들이 우리의 환경과 세계를 보호하는 일에 자발적으로 신경을 쓰지 않는다면, 정치가 개입해 동기를 부여하거나 강제로라도 신경을 쓰게 만들어야 합니다. 우리 모두가 힘을 모아야만 지구를 계속 파괴하는 일을 제때 멈출 수 있으니까요.

미국의 환경 운동가 빌 맥키번은 상황이 매우 심각하다는 점을 분명히 표현하기 위해서 기후위기를 제3차세계대전이라고 불렀습니다. 인류에 막대한 위협이라는 뜻에서죠. 약 80년 전 여러 나라와 수많은 사람들이 나치 독일에 맞서 연대한 것처럼 오늘날에는 기후위기를 극복하기 위해서 전 세계 사람들이 손을 맞잡아야 합니다. 오늘날의 정치와 경제와 우리 모두는 끊임없이 되물어야 해요. 우리가 하는 행동은 지구에 바람직할까? 지금 우리가 하는 행동이 다른 사람들에게도 환경을 보호하게 하는 자극제가 될 수 있을까? 하고 말이죠.

우리가 인류로 살아남기를 원한다면 뭔가 바뀌어야만 합니다. 그것도 지금 당장 말이에요. 그리고 몇 가지 현명한 방법들은 이미 시도되고 있습니다.

2장

우리는 기후위기에
어떻게 대응하고 있을까?

기후위기에 신경 쓰자고 하면 어떤 사람들은 핑계를 댑니다. "환경문제는 정치가 해결해야죠!" 이 말에도 일리가 있습니다. 지방 마을에 버스가 다니지 않고 철도 노선이 제대로 마련돼 있지 않다면 어떻게 자동차와 비행기를 포기할 수 있겠어요? 오이 하나부터 겨울 재킷에 이르기까지 모든 제품이 비닐로 포장돼 나온다면 어떻게 쓰레기를 피할 수 있을까요? 물론 이 부분에서는 기업에도 책임을 따져야 합니다. 하지만 우선은 정치의 과제에서부터 시작하기로 해요.

정치는 뭘 할 수 있을까?

정치인은 한 나라의 국민과 기업이 해도 되는 일과 하지 말아야 할 일을 법률로 정합니다. 또 국민이 낸 세금을 어디에 사용할지 결정해서 유치원과 학교, 병원, 도로 관리 기관, 전력 관리 기관, 풍력발전소, 화력발전소, 자연보호 지역, 도시 정화 시설 등에 세금을 분배하죠. 나라에서 장려하고, 보호하고, 허용해야 할 것을 조정하는 일도 정치인의 과제입니다. 이런 모든 결정을 내릴 때는 유권자뿐 아니라 투표권이 없는 미성년자, 투표를 하지 못하는 동물과 자연, 투표하기를 원하지 않지만 정치적 결정에 영향을 받는 사람들까지 포함해 사회 전체의 이익을 염두에 두어야 해요.

그런데 정치인이 항상 공익을 생각하는 건 아닙니다.

공익을 좇지 않는 정치인들

정치인 중에는 정치 활동 외에 다른 직업으로 돈을 버는 사람도 있습니다. 정치인의 겸업을 금지하는 나라에서도 종종 이런 문제가 불거져요. 가령 의원에 당선된 후에도 사기업에서 높은 직책을 유지한다거나, 이해관계에 따라 특정 단체에서 활동하는 경우죠. 만약 그들의 정치적 과제가 그들이 부업으로 일하는 기업에서의 과제와 겹친다면 문제는 심각합니다. 그런 정치인이 어떻게 모두의 이익을 위해 독립적인 결정을 내릴 수 있겠어요? 자신의 고용주에게 불이익을 줄 수도 있을 텐데요.

또한 정치에는 기업과 단체, 노동조합, 그 밖에 여러 이익집단이 매우 직접적으로 영향을 끼칩니다. 로비가 법적으로 인정된 미국, 독일 같은 나라에서는 이익집단들이 로비스트(특정 단체의 이익을 위해 정당이나 의원을 상대로 활동하는 사람)까지 고용해서 정치인들에게 조언을 하지요. 하지만 정치인들은 은밀하게 활동하는 로비스트의 조언이 그들의 이해관계와 얽혀 있는지 여부를 잘 모릅니다. 가령 화학 회사에서 고용한 로비스트는 법으로 금지한 강력한 제초제를 다시 사용할 수 있게 하려고 활동하고, 환경단체들은 석탄 연료 폐지가 얼마나 중요한지 설명하죠. 물론 민주주의 사회에서는 모든 개인과 집단이 자신들의 이해관계를 위해서 정치인을 설득할 권리가 있습니다. 그러나 로비 활동을 벌여 원하는 것을 얻어 내는 기회는 매우 불공평합니다. 규모가 큰 이익집단들은 작은 조직과 개인들보다 돈도 많고 정치인들에게 영향력을 행사할 기회도 더 많기 때문이죠.

이처럼 정치인은 갖가지 이유에서 유권자의 이익을 대변하지 않는 결정을 내릴 때가 많습니다. 그러니 유권자도 아닌 '환경'을 생각해서 어떤 결정을 내릴 리는 없을 거예요. 그렇기 때문에 선거에서 환경보호를 정말로 진지하게 생각하는 정치인을 뽑는 일이 더욱 중요합니다.

이제는 환경보호를 위해
'정치'가 나서야 할 때!

정치로 환경친화적 행동 이끌기

정치인은 시민과 기업을 환경친화적인 행동으로 이끌거나 강제할 다양한 수단을 갖고 있습니다. 새로운 법을 만들 수 있고, 유해 물질(토양의 질산염이나 대기 중 미세 먼지)의 한계치를 정하거나 환경에 해를 끼치는 행동(석탄 채굴이나 과도한 비료 사용)과 제품(연료 낭비가 심한 자동차나 팜유 제품)을 금지할 수도 있지요.

정치가 시민과 기업을 환경친화적 행동으로 이끄는 강력한 수단은 세금과 보조금입니다. 자동차 연료에 세금을 붙여 차량 운행을 줄이는 등의 방법이 있지요. 독일의 경우, 2009년부터 자동차의 이산화탄소 배출량에 따라서 자동차세를 부과하고 있어요. 그 결과 자동차 기업들은 자연스레 친환경적인 차량을 개발하게 되었습니다.

보조금은 국가가 특정 산업이나 제품, 또는 생산 방식을 장려하기 위해서 기업이나 개인들에게 지급하는 돈이에요. 거기에는 다양한 세제 혜택도 포함되지요. 문제는 갈탄 채굴처럼 환경에 해로운 산업이 환경을 조심스럽게 다루는 기업이나 제품보다 여전히 더 많은 지원을 받는다는 사실입니다.

독일 정부는 자연과 인간에 해를 입히는 산업에 해마다

550억 유로(약 77조 원)가 넘는 돈을 지출해요. 가령 석탄 채굴을 지원하고 공장들의 에너지세를 더 깎아줍니다. 그러다 보니 제품 생산 과정에서 전기를 아끼려고 노력할 필요가 없어요. 또 비행기의 연료인 등유에는 세금을 부과하지 않고 국제선 운항에는 부가가치세를 면제합니다. 그로 인해서 비행은 환경에 많은 피해를 입히는 데도 불구하고 상대적으로 값이 저렴하죠. 그래서 독일 사람들은 장거리를 여행할 때 기차보다 비행기를 타는 일이 많아요. 또한 농업에 지급되는 국고 보조금의 4분의 3은 경작지의 면적에 따라 좌우됩니다. 원래 가축들을 잘 보살피고 환경보호에 신경을 쓰는 농장들에 지급되어야 했을 보조금이 주로 대규모 농장들에 지급되는 것이죠.

그 때문에 납세자들, 그러니까 독일에서 일을 하거나 물건을 구입하는 모든 사람은 이중으로 돈을 부담해요. 세금으로 국고 보조금을 지불할 뿐 아니라 나중에 환경오염을 제거하거나 각종 질병을 치료하기 위해서도 다시 돈을 지불해야 하니까요.

이처럼 환경에 해를 끼치는 산업에 지급하는 국고 보조금은 절약과 혁신을 가로막습니다. 제품 생산 과정에 들어가는 전기

세도 싼데 무엇 때문에 전기를 아끼겠어요? 비행기 표도 저렴한데 왜 굳이 기차로 장거리 여행을 하겠어요?

국가는 환경에 해로운 제품을 만드는 곳에 지급하는 보조금을 삭감하고, 이를 대중교통 확장과 재생에너지, 또는 유기농 농업을 지원하는 데 쓸 수 있을 거예요. 이른바 교토 의정서라고 불리는 국제 기후변화 협약에서도 그것을 요구했습니다.

국제 협력

1997년 12월 선진국 대표들이 일본 교토에서 만나 처음으로 법적 구속력이 있는 기후변화 협약을 체결했습니다. 바로 '교토 의정서'입니다. 이 의정서는 8년 뒤 발효되었고, 191개 나라가 의정서의 규정을 지키겠다고 약속했지요. 가령 이산화탄소와 메테인, 냉매제와 스프레이 분사제 등에 쓰이는 염화불화탄소를 1990년 대비 5퍼센트가량 줄이겠다고 했습니다. 그러나 세계 최대 온실가스 배출국인 미국은 자국의 산업을 보호한다는 이유로 의정서를 거부했고, 거기에 동조한 일본, 캐나다, 러시아,

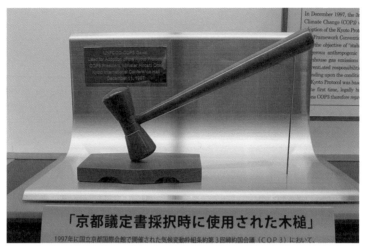

교토 의정서 체결에 사용된 의사봉이 협약의 중요성을 상징하는 의미로 전시되어 있다. ©Jason Riedy 출처: 위키피디아

뉴질랜드 등이 잇따라 교토 의정서를 탈퇴하기도 했었죠. 그런데 우리에겐 이제 시간이 별로 없습니다.

우리는 우리의 생활 방식이 지구를 위험에 빠뜨리고 있다는 사실을 이미 알고 있어요. 그것도 아주 오래전부터 말이죠.

1912년 7월 17일 오스트레일리아 남서부 브레이드우드에서 발행되는 한 신문에 짤막한 기사가 실렸습니다. 기사의 내용은 다음과 같았어요. "전 세계 난방시설들은 연간 20억 톤의 석탄을 소비하고 있다. 석탄이 연소되면 매년 70억 톤의 이산화탄소가 대기 중으로 배출된다. 그것은 대기를 보다 효과적으로 지구를 덮는 뚜껑으로 만들어 지구 온도를 상승시키는 것으로 보인다. 이 현상은 앞으로 더 중요한 의미를 갖게 될 것이다."

100년도 더 전에 이 기사를 쓴 기자가 누군지는 알 수 없지만 기사 내용은 정확했습니다. 수십 년 뒤 인공위성을 쏘아 올려 지구의 온도를 측정하기 시작했고, 1979년에 학자들은 이산화탄소 배출량이 두 배로 늘어날 경우 지구의 평균기온이 약 3도 이상 오를 것을 예측했지요. 그 책임이 전적으로 우리 인간들에게 있다는 사실을 확인했고요.

정치인들이 기후위기를 주요 의제로 정하기까지는 그로부터 10년 이상 더 지나야 했습니다. 1992년 '기후변화에관한국제연합기본협약UNFCCC'을 체결한 것이죠. 줄여서 유엔기후변화협약이라고도 해요. 이 협약은 선진국들에 온실가스 배출을 줄일 의무를 부여했지만, 강제성이나 구속력은 없었어요.

그 결과 20년 뒤에는 온실가스 배출량이 열 배까지 늘었어요.

유엔기후변화협약과 교토 의정서 채택 이후에도 여러 국제 회의와 논의가 진행되었고, 이제는 더 이상 미루지 말고 행동에 나서야 한다는 저명한 학자들의 경고도 이어졌습니다. 하지만 미국, 러시아, 중국 같은 강대국들이 협의에 제동을 걸었고, 중요한 결정들은 미뤄졌지요. 이제 정치인들은 기후를 보호하고 지구의 미래를 협의하기 위해서 번번이 세계 곳곳에서 만나야 했습니다. 2015년 전 세계 196개 나라 대표가 프랑스 파리에서 모였고, 지구의 평균기온 상승을 최대한 1.5도 이하로 제한하기로, 아니 제한하기 위해 노력하기로 합의한 기후변화 협약을 채택했습니다. 이 협약을 파리협정이라고 해요. 선진국들은 저개발국들이 기후 보호 목표에 도달할 수 있도록 돕기로 했어요. 그러나 각 나라가 제출한 기후 보호 계획들은 충분하지 않았습니다.

2018년 겨울, 197개국 정상들이 기후정상회의를 위해서 폴란드 카토비체에서 다시 만났습니다. 이 회의에서는 온실가스 배출량을 줄이기 위해 실행한 조치들과 그 결과에 대한 보고서를 규칙적으로 제출하기로 합의했지요. 그 밖에도 유엔은 각 나라가 자신들의 목표치에 도달했는지 여부를 정기적으로 기록하도록 했습니다. 그러나 어떤 나라가 기후 목표를 달성하지 못

2021 주요 국가의 온실가스 감축 목표(NDC)◆

국가명	감축 목표(%)	목표 연도	기준 연도
대한민국	40	2030	2018
미국	50~52	2030	2005
유럽연합(EU)	55	2030	1990
일본	46	2030	2013
캐나다	40~45	2030	2005
중국	2030년까지 탄소 배출의 정점을 지나 2060년까지 탄소중립 달성		

◆ NDC(Nationally Determined Contribution, 국가 결정 기여): 기후변화에 대응하기 위하여 당사국이 취할 노력을 스스로 결정하여 제출한 목표

한다고 해도 법적인 제재는 여전히 없어요. 기후위기에 적극적으로 대응하고 있는 독일의 경우, 2020년의 목표치를 달성하지 못했습니다. 1990년과 비교해 온실가스 배출량의 40퍼센트를 줄이겠다고 약속했지만 약 30퍼센트를 줄이는 데 그쳤으니까요. 2030년까지는 55퍼센트를 줄여야 하고 2050년까지는 탄소중립을 이뤄내야 하는데 말이죠.

이후로도 온실가스 배출량을 줄이기 위한 노력은 충분히 이루어지지 않고 있어요. 이제는 모두가 단호하게 행동할 때입니다.

 ## 국제적인 협력이 가능할까?

아마 이런 의문이 들 거예요.

'지구상의 모든 나라가 눈에 보이지 않는 것, 기후처럼 복잡한 것을 구하겠다고 협력하는 일이 제대로 이루어질 수나 있을까? 많은 나라가 눈에 보이는 문제들조차 평화롭게 해결하지 못하는데?'

하지만 당연히 협력할 수 있습니다. 실제로 성공을 거둔 적도 있고요. 그때는 오존층에 문제가 생겼을 때였습니다.

사람들이 흔히 프레온가스라고 부르는 염화불화탄소는 원래 1920년대 말에 나온 획기적인 발명품이었습니다. 무색무취의 기체로 인체에 독성이 없으면서 화학적으로는 안정적이라 각종 스프레이 제품의 분사제, 냉장고와 에어컨의 냉매제, 전자회로의 세정제 등으로 아주 편리하게 사용되었죠. 그런데 1974년에 학자들이 프레온가스가 강한 자외선으로부터 지구를 보호하는 오존층을 파괴한다고 경고하고 나섰어요. 오존층 파괴 때문에 강한 자외선에 특히 취약한 오스트레일리아에서는 피부암에 걸리는 사람들이 많아졌거든요. 현대 인류가 처음으로 지구 생태계를 뚜렷하게 교란시킨 사건이었죠. 그런데도 학자들의 경고는 처음에 진지하게 받아들여지지 않았습니다. 프레온가스는 굉장히 편리한 데다 많은 돈을 벌어들였으니까요. 그러다가 점점 더 많은 사람이 오존층 파괴의 위험을 알게 되었고 프레온가스가 들어간 스프레이 제품을 구매하지 않게 되었어요. 그러자 생산자들도 어쩔 수 없이 프레온가스가 없는 제품들을 내놓기 시작했습니다. 그제야 정치도 반응을 보였지요. 1987년 9월 16일, 세계 24개 국가는 염화불화탄소 사용을 금지한 몬트리올 의정서를 채택했어요. 이후 전 세계 유엔 회원국들이 차례로 가입해 지금은 197개 나라가 협약을 준수하겠다고 서명했습니다. 그리고 오존층에 생긴 구멍은 서서히 작아졌습니다.

하지만 세계 곳곳의 회사들은 오존층에 해로운 다른 가스를 계속 생산했어요. 결국 2016년 10월 몬트리올 의정서는 기후에 해를 끼치는 또 다른 물질인 수소불화탄소도 규제하는 것으로 확대되었죠.

이처럼 모든 나라가 하나의 목표를 위해 노력하고, 각 나라 정부가 법적 수단으로 우리 모두에게 해악을 끼치는 것을 금지시킬 수 있어요.

이제 모든 나라가 다시 그때처럼 연대해야 합니다.

[에너지] 에너지 전환을 위한 움직임

독일은 전기 생산 분야에서 어느 정도 성공을 거두었습니다. 2000년에 재생에너지 보급 확대를 위한 재생에너지법이 도입되었기 때문이죠. 이 법에 따라 모든 독일 국민은 전기 요금 이외에 재생에너지 부담금을 추가로 지불합니다. 이렇게 거둬들이는 돈은 재생에너지 발전과 확대를 지원하는 데 쓰여요. 이를 통해서 2000년에는 겨우 6퍼센트였던 재생에너지 전기 비율이 2018년에는 38퍼센트까지 증가했습니다. 하지만 전기, 열, 교통에 필요한 에너지를 모두 포함하면 그 비율은 아직 17퍼센트

써도 써도 사라지지 않는
무공해 재생에너지

바람의 힘으로
에너지를 얻어요!

풍력

땅속열로
에너지를 얻어요!

지열

태양열

태양의 복사열로
에너지를 얻어요!

수력

흐르거나 떨어지는
물의 힘으로
에너지를 얻어요!

에 불과합니다. 그래도 같은 기간 동안 원자력의 비율은 반 이상인 12퍼센트로 줄었지요. 2022년에는 마지막 원자력발전소들이 폐쇄될 예정이고요.

하지만 아직 그것으로 충분하지 않습니다.

독일은 2038년까지 모든 석탄 연료를 폐지하기로 계획했어요. 그런데 2017년 연구에 따르면, 파리협정의 목표를 지키기 위해서는 유럽연합 전체의 석탄 화력발전소가 2031년까지 폐쇄되어야 합니다. 그러려면 석탄 화력이 아니라 풍력과 태양열, 수력, 지열, 바이오가스로 전기를 생산해야 하죠. 2050년까지 전 세계 전기 소비량의 85퍼센트를 재생에너지로만 얻어야 하는 거예요. 석탄은 땅속에 그대로 묻어두어야 하고요.

매주 금요일마다 학교가 아닌 거리로 나가 기후 행동에 나서는 미래를 위한 금요일Fridays For Future 활동가들은 더 급진적인 것을 요구합니다. 가령 독일 활동가들은 2019년 말까지 석탄 화력발전소 4분의 1의 가동을 중단하라고 요구했습니다. 나아가서는 2035년까지 100퍼센트 재생에너지만 사용해야 한다고 했어요. 많은 학자들도 이 의견을 지지했고요.

그런데 탈석탄을 실현하기 위해서는 극복해야 할 문제가 있

독일 청소년들이 '미래를 위한 금요일' 시위를 하는 모습. ⓒFridaysForFuture Deutschland 출처: 위키피디아

습니다. 아직은 재생에너지원만으로는 전기 수요를 안정적으로 충당하지 못한다는 거예요. 바람이 잔잔하거나 햇볕이 내리쬐지 않을 때는 전기를 얻지 못하니까요. 이런 경우에는 가스와 석탄 화력이나 원자력으로 전기를 얻어야 합니다. 그렇지 않으면 전기 없이 어둠 속에서 지내야 하죠. 물론 전기 없는 삶을 원하는 사람은 아무도 없을 거예요. 그래서 필요한 것이 더 나은 에너지 저장 장치입니다. 햇볕과 바람이 풍부한 날에 에너지를 저장해 두었다가 비가 오거나 풍력기가 멈췄을 때 내보내는 일종의 축전기 같은 것이죠. 그런데 이 기술은 아직 부족한 실정

입니다.

　다른 한편, 재생에너지원으로 얻은 전기가 남아돈다고 해도 기후에 해를 끼치는 석탄 화력발전소들은 생산량을 줄이지 않습니다. 대신 남은 전기를 저렴한 값으로 외국에 팔지요. 이렇게 석탄과 가스로 돈을 버는 에너지 생산 업체들은 에너지 전환을 방해합니다. 자기 집 근처나 주변 환경에 송전탑이나 풍력기가 설치되는 걸 반대하는 주민들도 있고요.

　전체적으로 에너지 전환 정책은 제대로 실행되고 있지 않습니다. 그럼에도 불구하고 에너지 전환이 불가능한 것은 아니에요. 미국과 덴마크 연구팀에 따르면, 풍력과 수력과 태양열을 통해서 전 세계에 전력을 공급하는 일은 충분히 가능하다고 합니다. 지금보다 비용도 적게 들고요. 물론 그 전제 조건은 재생에너지를 더욱 철저하게 확대해야 한다는 것입니다.

　전기도 더 아껴야 합니다. 재생에너지 역시 환경에 피해를 주니까요. 수력발전소를 가동하기 위해서 물을 막아야 하는 곳에서는 동물들이 쫓겨나고, 사람들이 이주해야 하고, 계곡은 물에 잠기게 됩니다. 풍력기가 설치되는 곳에는 엄청난 무게의 콘크리트 기둥을 박아 넣어야 하고요. 또 풍력발전소를 지으려면 철

광석과 구리와 희토류를 비롯해 여러 가지 원료가 필요합니다. 이런 원료들을 채굴하는 과정에서는 막대한 양의 물을 써야 하지요.

 일자리를 잃는 사람들은 어떡하라고?

맞는 말입니다.

석탄 화력발전소를 폐쇄하거나 기름이나 가스를 쓰는 자동차를 금지하면 그 분야에서 일하던 사람들은 일자리를 잃을 거예요. 그런 조치에 반대하는 사람들은 늘 일자리가 사라지는 문제를 내세우지요. 하지만 모든 일자리가 사라지지 않고 그대로 있다면 지금도 말들이 마차를 끌고 다닐 거예요. 그래야 마부와 마구간지기가 일자리를 잃지 않았을 테니까요.

세상은 계속 발전합니다. 독일만 해도 석탄 산업에서는 약 7만 명이 일하는 반면에 재생에너지 산업에서는 약 30만 명이 일해요.

일자리를 잃는다는 것이 자동으로 실업자가 된다는 뜻은 아닙니다. 태양열 시설이나 풍력기 제조 분야, 그리고 친환경 자동차를 생산하는 분야에서 새로운 일자리들이 생겨나니까요. 물론 새 직업을 구하지 못하는 사람은 당연히 도움을 받아야 합니다. 국가가 세금을 걷는 이유는 그런 일에 쓰기 위해서예요. 석탄 연료 폐지를 위해 정부는 석탄 채굴로 살아가던 지역이 경제적 타격을 입지 않도록 지원을 해야 합니다. 독일에서는 앞으로 20년 동안 해당 지역들에 400억 유로(약 55조 원)까지 지원할 예정입니다.

[교통] 이동 수단을 바꾼다면?

항공 여행은 환경에 막대한 피해를 입히지만 장거리 여행을 하려는 사람은 비행을 피할 도리가 없을 거예요. 하지만 비교적 짧은 거리는 비행을 피하거나 금지할 수 있습니다. 게다가 단거리 여행은 항공편이 기차로 움직이는 것보다 빠르지도 않고요. 공항까지 가는 시간, 출국하기 위해 공항에서 대기하는 시간까지 헤아려보면 그렇죠. 기차로 움직이면 이산화탄소 배출량도 80퍼센트나 줄어들어요. 거기에 친환경 전기로 가는 기차를 이용한다면 환경에는 더욱 좋은 일이고요. 실제로 2021년 프랑스에서는 기차로 2시간 30분 안에 갈 수 있는 거리는 항공기 운항을 금지시키는 법안이 통과되었어요.

어떻게 하면 더 환경친화적으로 다닐 수 있을까?

대중교통이 훨씬 더 저렴하게 운행되어야 합니다. 성인 두 명 이상이 기차를 타는 비용이 같은 거리를 자동차로 갈 때보다 비싸다면 기차를 이용하려는 사람은 별로 없을 테니까요.

경우에 따라서는 대중교통이 무료로 운행될 수도 있어야 해요. 적어도 근거리에서는요. 이 비용을 마련하는 방법과 관련해서는 이미 다양한 아이디어가 나와 있어요. 가령 텔레비전 방송 수신료처럼 모든 시민에게서 일정한 액수를 거둬들이는 거죠. 그런데 이런 경우 돈이 없는 사람은 부담이 클 수 있습니다. 따라서 소득이 낮은 사람들의 비용은 면제해주고, 어린이는 무료로 이용하게 하고, 청소년과 대학생과 장애인은 할인해줘야 해요. 또 각 자치단체가 철도 노선 연결로 이득을 보는 모든 기업으로부터 사용료를 요구할 수도 있어요. 아니면 시가 모든 자동차 운전자에게서 세금을 더 걷거나 주차비를 대폭 올리는 방법도 있고요. 에스토니아의 수도 탈린에서는 2013년부터 모든 주민이 무료로 근거리 교통을 이용하고 있습니다. 그런데도 5년이 지난 뒤 버스와 철도로 옮겨간 자동차 운전자는 별로 없었고, 대기 중 유해 물질도 거의 줄지 않았습니다. 안타깝지만 자동차가 더 편리하기 때문이죠.

자동차를 몰아내라!

더 많은 사람을 대중교통으로 갈아타게 하려면 자동차 운전을 별로 매력적이지 않은 일로 만들어야 합니다. 배기가스 냄새가 많이 나는 도심지에는 자동차 없는 구역들을 설치할 수 있을 거예요. 스위스 바젤에서는 이미 부분적으로 시행되고 있는 방법이죠. 2015년부터 바젤 시내에는 전반적으로 자동차가 다니지 않아요. 나아가 환경에 특히 해로운 자동차들은 완전히 도시 밖으로 몰아내거나 곧바로 운행을 금지시켜야 합니다. 스페인 마드리드에서는 2018년부터 전기자동차나 특별 허가 차량을 소유한 주민들만 도심지에서 자동차를 운행할 수 있습니다. 그때부터 질소산화물 배출량은 거의 절반으로 줄었지요. 도심지 밖에서도 공기 중 유해 물질 농도가 확 줄었는데, 사람들이 전체적으로 자동차를 적게 타게 됐기 때문이에요. 또 영국 런던 시내에서는 배기가스를 많이 배출하는 오래된 자동차 운전자들

도대체 기후위기가 뭐야?

영국 런던 시내에 설치된 초저공해존 표지판. 이곳에서 배기가스를 많이 배출하는 차량은 부과금을 내야 한다. ⓒ연합뉴스

에게 환경 부과금을 내게 하지요.

건강한 사람들은 자전거를 이용하는 것도 좋은 방법이에요. 자전거를 더 즐겁고 안전하게 이용하게 하려면 자전거도로를 훨씬 더 확대해야 해요. '자전거 천국'이라고 불리는 덴마크 코펜하겐은 자전거 친화적인 도시의 본보기로 여겨져요. 자전거 도로가 넓고 포장도 잘돼 있어서 울퉁불퉁한 장애물 없이 빠르게 달릴 수 있지요. 심지어 밤이면 바닥이 오렌지색으로 빛나는 자전거 고속도로도 있습니다. 그 때문에 코펜하겐 시민의 40퍼

센트는 자동차보다 자전거를 주로 이용해요.

물론 누구나 자전거를 탈 수 있는 건 아닙니다. 노인과 환자들이 그렇죠. 이들은 버스와 전철 이용도 쉽지 않아요. 택시를 타자니 돈도 많이 들고요. 이런 사람들에게는 휘발유나 경유 자동차가 아닌 다른 가능성이 제공되어야 합니다. 전기가 아닌 짚으로 움직이는 자동차가 대안이 될 수 있을 거예요. 보리나 벼, 밀의 짚을 발효시키면 바이오가스를 얻을 수 있어요. 커다란 짚 덩어리 4개가 승용차 한 대의 연평균 연료 소비량과 맞먹는 바이오가스를 제공하죠. 그 정도면 1만 1000킬로미터가 넘는 거

도대체 기후위기가 뭐야?

리를 운행할 수 있습니다. 독일만 해도 매년 자동차 500만 대에서 700만 대를 운행할 수 있을 만큼 충분한 짚이 경작지에서 썩고 있지요. 다만 바이오가스는 짚이나 음식물 쓰레기처럼 폐기물을 재활용하는 경우에만 환경친화적이라는 점이 중요해요. 대규모 농장에서 옥수수나 유채를 길러서 얻는 바이오가스나 바이오디젤은 해결책이 아닙니다. 그런 식물을 키우려면 많은 양의 물과 경작지와 농약이 사용되고 환경이 오염되니까요.

전기자동차는 얼마나 환경친화적일까?

미국, 유럽 등 여러 나라에서는 배터리로 움직이는 전기자동차를 장려하고 있습니다. 물론 전기자동차는 운행 중에 이산화탄소나 다른 온실가스를 배출하지 않아요. 대신 다른 곳에서 환경에 피해를 줍니다. 배터리를 충전하기 위한 전기도 어딘가에서 생산되어야 하잖아요? 독일에서는 그 전기의 4분의 1을 아직은 석탄 화력발전소에서 얻고 있어요. 전기자동차는 적어도 13만 킬로미터를 운행하고 난 뒤에야 휘발유로 움직이는 중형 자동차보다 환경친화적일 수 있습니다. 이 말은 환경을 생각한다면 전기자동차를 평균 10년 이상 몰아야 한다는 뜻이에요.

그렇다면 재생에너지만 쓴 전기자동차는 완벽하게 환경친화적일까요? 한 제품의 환경친화성을 제대로 평가하려면 생산에서 폐기까지의 과정을 전부 관찰해야 해요. 사실 전기자동차에 들어가는 배터리 생산 과정은 전혀 환경친화적이지 않습니다. 일반 자동차보다 많은 미세 먼지를 발생시키죠. 게다가 배터리에는 리튬, 코발트, 니켈, 흑연, 희토류가 들어가는데, 모두 환경을 파괴하고 많은 비용을 들여 채굴해야만 하는 원료들이죠. 어쨌든 친환경 전기로만 움직이는 전기자동차는 3만 7500킬로미터를 운행하고 난 뒤에야 일반 휘발유 자동차보다 환경친화적입니다.

언젠가 보다 지속 가능하게 만들어진 성능이 뛰어난 배터리가 대량으로 생산될 수 있다면 전기자동차는 정말로 환경친화적인 이동 수단이 될 거예요.

내연기관 자동차 완전 금지

휘발유나 경유로 움직이는 내연기관 자동차를 완전히 금지시키는 방법도 생각할 수 있어요. 벌써 그렇게 결정한 나라들도 있고요. 덴마크, 스웨덴, 네덜란드 등에서는 2030년부터 내연기관 자동차를 금지하기로 했어요. 노르웨이는 2025년부터 내연기관 신차를 더 이상 허용하지 않을 계획이고요. 다만 그 전까지 팔린 자동차들은 계속 배기가스를 배출하면서 운행될 거예요.

이산화탄소를 어떻게 관리할 수 있을까?

우리의 경제 시스템에서 몇 가지는 굉장히 불평등해요. 몇몇 사람이 일으킨 피해 때문에 모든 사람이 대가를 치러야 하죠. 항상 전깃불을 켜 둔 채 살고, 어디든 자동차로 이동하고, 소고기 스테이크를 즐겨 먹는 사람은 겨울철 난방 온도를 18도로 낮추고, 자전거와 기차를 애용하고, 가까운 곳에서 재배한 친환경 채소를 먹는 사람보다 환경에 더 많은 피해를 입힙니다. 우리가 구입하는 스테이크의 가격에는 가축 사육과 운반에 드는 비용, 도축하는 사람의 인건비가 포함돼 있어요. 하지만 가축 배설물과 하수로 인한 피해, 가축우리에서 도살장을 거쳐 슈퍼마켓으로 운반하는 과정에서 발생하는 피해 비용은 포함돼 있지 않습니다. 석탄 채굴을 위해서 숲을 벌채하고 땅을 파헤치고 나중에는 건강에 해로운 물질들을 공기 중으로 배출하는 석탄 회사들도 그런 피해에 대한 대가를 충분히 지불하지 않아요.

독일 연방환경청[UBA]이 계산한 바에 따르면, 이산화탄소 1톤이 일으키는 피해액은 약 180유로(약 25만 원)라고 합니다. 기후위기를 고조시키고, 자연재해를 야기하고, 동식물을 위험에 빠뜨리고, 우리의 건강을 해치는 비용이죠. 현재는 이상기후의 여파로 발생한 피해를 모두 세금으로 충당하고 있습니다. 홍수나 해일로 무너진 제방을 지을 때, 그리고 많은 사람이 대기오염으로 인한 호흡기 질환에 시달리는 바람에 보건 의료 지원금이 늘 때가 그래요. 다시 말해서 부자든 가난하든, 이산화탄소를 많이 배출하든 적게 배출하든 모두가 지불하는 것이죠. 국가가 지출하는 돈은 모든 국민이 낸 세금이니까요.

이산화탄소 배출에 세금 매기기

환경문제로 생긴 피해 비용은 기후에 해를 끼치는 제품의 가격에 포함시키는 것이 더 공정할 거예요. 그런 제품을 구매하는 사람들에게 피해 비용을 지불하게 하는 거죠. 바로 탄소세[carbon tax]

가 이 역할을 해줄 수 있습니다. 탄소세는 이산화탄소를 배출하는 곳에 추가로 부과하는 일종의 세금이에요. 자동차를 운전하고 화물차로 화물을 운반할 때, 공장들이 석탄 화력발전소의 전기로 작업할 때, 가정에서 석유나 가스로 난방을 할 때 추가 세금을 부담하게 하지요. 그 목표는 기후에 친화적인 에너지원보다 이산화탄소를 배출하는 에너지원을 더 비싸게 만드는 것입니다. 그러면 환경에 해로운 제품을 구매하려는 소비자가 줄어들 것이고, 생산자도 탄소세를 줄이기 위해서 기후에 더 친화적인 상품을 만들려고 노력할 테니까요.

탄소세는 1990년 핀란드를 시작으로 2021년까지 스위스, 스웨덴, 덴마크, 캐나다 등 50개국이 도입했어요. 대표적인 성공 사례로 꼽히는 스웨덴에서는 이산화탄소 1톤당 부과되는 금액이 115유로(약 16만 원)입니다. 덕분에 탄소세를 도입한 1991년 이후 이산화탄소 배출량은 거의 4분의 1가량 줄었고 경제는 55퍼센트나 성장했어요. 국제통화기금IMF의 첫 여성 총재였던 크리스틴 라가르드는 기후 목표를 이루기 위해 필요한 적정 탄소세를 이산화탄소 1톤 당 62유로(약 9만 원)로 봐요. 하지만 미래를 위한 금요일 활동가들은 단호하게 이산화탄소 1톤

당 180유로(약 25만 원)를 요구해요. 그러니까 이산화탄소 1톤 배출로 야기되는 피해 비용과 똑같은 액수죠.

 가난한 사람들은 탄소세 감당 못 해!

그렇지 않습니다.

가난한 사람들은 탄소세로 이익을 얻을 수도 있어요. 정부가 세금 환급으로 모든 시민에게 매년 일정한 금액을 되돌려 주기 때문이죠. 그러니까 환경 친화적으로 생활해서 탄소세를 많이 낼 필요가 없는 사람은 연말에 일종의 보너스를 받고, 비행기를 자주 타고 자동차로 많이 다니는 사람은 일정액을 추가로 지불하는 것입니다. 또 시골에 살아서 자동차 없이 살 수 없는 사람들은 그만큼 비용을 더 많이 공제받아 불이익을 받지 않을 수 있어요. 그러니까 탄소세는 이산화탄소를 많이 배출하는 사람들에 해당하는 세금입니다. 가난한 사람보다는 부자들이 많이 내죠.

도대체 기후위기가 뭐야?

탄소세가 없는 다른 나라 기업들과 경쟁하는 기업의 입장에서는 탄소세 도입이 부담스러울 수 있습니다. 그래서 기업의 부담이 너무 크지 않도록 세금을 어느 정도 줄여주기도 합니다. 그렇게 하면 환경친화적인 방법들을 고민해야 할 기업이 느끼는 압박도 줄어들 거예요. 세계은행[WB]과 국제통화기금[IMF], 심지어 미국의 거대 석유 회사인 엑슨 모빌까지도 탄소세 도입을 찬성해요. 엑슨 모빌의 경우는 석유 이용에 대해 더 단호한 조치가 내려지는 것을 예방하기 위해서일 거예요. 어쨌든 탄소세 도입은 기후위기에 대응할 가장 효과적인 수단 중 하나로 여겨져요.

그런데 정치에서 '세금'이라는 단어는 항상 문제가 됩니다. 세금을 늘리려는 정치인은 거의 없어요. 그러면 유권자들이 기분 상해서 다시는 그 사람을 뽑으려 하지 않을 테니까요. 그 때문에 탄소세라고 하지 않고 '이산화탄소 부담금'이라고 말하는 경우도 많지요.

이산화탄소를 상품처럼 거래한다면?

독일의 기업들은 공기 중에 이산화탄소를 배출하는 권리로 1톤당 약 25유로(약 3만 원)를 지불해요. 유럽연합은 그 대가로 기업들이 서로 사고팔 수 있는 탄소배출권Certified Emission Reduction이라는 증명서를 제공하죠. 탄소배출권이란 일정 기간 동안 일정량의 이산화탄소를 배출할 수 있는 권리를 말해요. 이 탄소배출권은 시장의 상품처럼 사고팔 수 있어요. 이산화탄소를 할당량보다 적게 배출하면 남는 탄소배출권을 팔아서 이익을 얻을 수있지요. 그래서 이산화탄소의 배출량을 줄이게끔 유도하는 거예요. 탄소배출권의 가격은 공급과 수요의 원칙에 따라서 결정됩니다. 많은 기업이 탄소배출권을 사려고 하면 가격이 오르고, 반대로 수요가 줄면 가격은 떨어지는 거예요. 정치는 이 원칙을이용해 가격을 조절할 수 있습니다. 가격을 올리고 싶으면 탄소배출권을 적게 발급하는 거죠.

그런데 뜻밖의 상황이 벌어졌어요. 유럽에는 이미 탄소배출권이 너무 많은 거예요. 이산화탄소 배출을 줄인 기업은 더 이상 필요 없는 탄소배출권을 시장으로 내놓겠죠? 이렇게 시장에 나온 탄소배출권이 많아져서 가격이 저렴해진 겁니다. 그러면 기업은 이산화탄소를 줄여야 할 경제적 이유가 없지요. 게다가 유럽의 기업들은 이산화탄소 배출에 신경을 덜 쓰는 비유럽권 기업들과의 경쟁에서 불리해요. 비유럽권 기업들은 추가 비

이산화탄소 배출을 줄이기 위한 정책,

'탄소배출권'

대한민국은 어떻게 운영하고 있을까?

이산화탄소 전체 배출 허용량을
설정하고 범위 내에서 각 기업에
탄소배출권을 준다.

할당받은 배출권 내에서 기업을
운영하며 남거나 모자라면 권리를
사고팔 수 있다.

A기업
(할당량 〈 배출량)

B기업
(할당량 〉 배출량)

출처: KIEP(대외경제정책연구원) 유튜브 참고

용 없이 이산화탄소를 배출할 수 있으니까요. 따라서 전 세계적인 탄소배출권 거래제를 시행하는 동시에 배출권의 수를 줄이는 것이 대안일 거예요.

공기 중의 이산화탄소 되가져오기

지구의 평균기온 상승을 제한하려면 이산화탄소 배출을 줄이는 것만으로는 충분하지 않습니다. 거기에 더해서 공기 중의 이산화탄화를 되가져와 저장해야 해요. 이처럼 배출을 줄이기보다 배출된 이산화탄소를 제거하려는 것을 탄소 배출 마이너스라고 해요.

거기에는 다음과 같은 방법들이 있습니다.

새로운 숲 조성   식물은 잎을 통해서 공기 중의 이산화탄소를 흡수해 산소와 포도당으로 만들어요. 광합성 작용을 하는 거죠. 식물은 이 과정에서 이산화탄소 일부를 다시 배출하고 나머지는 자기 안에 묶어둡니다. 열대림과 열대초원은 광합성으로 대기 중 이산화탄소를 거의 60퍼센트나 흡수하죠. 반면에 농경지가 흡수하는 비율은 11퍼센트에 불과해요.

세계의 공원과 숲, 빈 땅에는 나무 1조 그루를 심을 만한 자리가 충분해요. 학자들은 그 나무들이 지난 10년 동안 사람들이 배출한 이산화탄소의 양을 저장할 수 있다고 말했지요. 유엔이 나서서 '1조 그루 나무 심기' 운동을 시작했습니다. 여러 나라에서 이 운동에 동참했어요. 오스트레일리아는 2050년까지 나무 10억 그루를 심겠다고 발표했지요. 현재 전 세계에 있는 나무는 약 3조 400억 그루라고 합니다.

그런데 숲을 새로 조성하는 것만으로는 여전히 부족해요. 그보다 이미 있는 숲을 잘 보존하고 벌채하지 못하게 하는 것이 더 중요합니다. 이산화탄소는 식물에 영원히 묶여 있지 않아요. 식물이 죽어서 썩거나 태워지면 다시 배출되지요.

CCS 기술 대기 중의 이산화탄소는 걸러내서 일종의 암석으로 만들 수 있습니다. 이 기술은 CSS, 즉 '이산화탄소 포집 및 저장Carbon Capture and Storage'이라고 불리는데 말하자면 이산화탄소를 모아 저장한다는 뜻이에요. 그런데 아직까지는 이 기술을 실행하고 있는 시설이 충분하지 않아요. 대기 중의 이산화탄소를 충분히 모을 수 있으려면 2086년까지 매일 새로운 시설을 하나씩 열어야 하죠. 게다가 이 기술은 우리가 아직 모르는 해로운 부작용을 일으킬 수 있습니다. 나아가서는 에너지와 물 소비량도 만만치 않고요.

그래서 많은 환경 운동가들은 이 기술에 너무 많이 의지하는 것에 반대해요. 이런 기술을 우선시하면 이산화탄소 배출 자체를 줄이려는 노력과 압박감이 느슨해지니까요.

BECCS 기술 식물을 태울 때 나오는 이산화탄소를 저장할 수도 있습니다. 성장 속도가 빠르면서 공기 중의 이산화탄소를 최대한 많이 흡수하는 식물들을 태워서 바이오연료로 사용하고, 그 과정에서 발생하는 이산화탄소를 모아 땅속에 가두는 것이죠. 이 기술을 BECCS, '바이오에너지·이산화탄소 포집 및 저장Bioenergy with Carbon Capture and Storage'이라고 합니다. 이 또한 비용이 많이 드는 데다 식물을 키우기 위해서 많은 물과 땅과 에너지가 필요해요. 기술도 아직 완전하지 않고요.

이산화탄소를 줄이는 비용은 너무 비싸!

맞아요. 하지만 기후위기로 발생하는 피해는 그보다 더 비쌉니다.

미국에서는 2018년 한 해에만 대형 산불과 토네이도, 그 밖에 지구온난화로 야기된 다른 자연재해들로 910억 달러(약 109조 원)의 피해가 발생했어요. 게다가 247명이 목숨을 잃었습니다. 이 피해는 돈으로도 환산할 수 없어요. 꿀벌이 점점 줄어들면 많은 식물은 꽃가루받이를 못합니다. 인공적으로 꽃가루받이를 해야 하죠. 그러면 농작물의 수확량이 줄어서, 많은 비용이 들어갈 수밖에 없습니다. 인공 꽃가루받이에도 돈이 들죠. 게다가 토양이 점점 나빠지기 때문에 벌써부터 전 세계적으로 농업 생산성이 크게 줄어들고 있어요.

지금 우리는 자연을 이용해서 굉장히 많은 돈을 벌고 있어요. 가령 북아메리카와 남아메리카에서만 해도 약 24조 달러(약 28,704조 원)의 가치를 이용합니다. 깨끗한 식수, 관광, 열대 식물을 이용한 약품 등으로 말이에요.

따라서 아무것도 바꾸지 않고 지금처럼 살아갈 때 드는 비용이 환경보호에 쓰는 비용보다 더 비쌀 거예요.

[식량] 식품 낭비를 막으려는 노력

햄버거, 스테이크, 두부 스테이크, 달걀, 치즈, 샐러드가 우리 식탁에 놓이기까지는 엄청난 양의 물과 에너지와 땅이 필요합니다. 그 점에 대해서는 1장에서 이미 설명했지요. 앞에서 언급한 내용들을 잘 이해했다면 지금 알려주는 이 정보가 여러분의 마음을 무척 아프게 할 거예요. 바로 전 세계에서 생산되는 모든 식품의 3분의 1은 버려진다는 사실입니다. 이는 연간 13억 톤으로, 전 세계에서 만성적으로 굶주리는 8억 2100만 명의 사람들에게 1.6톤씩 돌아갈 수 있는 양이에요.

우리는 왜 이렇게 많이 버리는 걸까요? 거기에는 여러 이유가 있습니다. 어떤 식품은 생산이나 운송 과정에서부터 손상을 입어 버려져요. 상품성 기준에 맞지 않는 식품도 소비자의 손에 도달하지 못합니다. 가령 너무 크거나 너무 작은 오이가 그래요. 어떤 때는 생산량이 너무 많아서 버려지는 경우도 있어요.

호텔, 제과점, 레스토랑에서는 아무도 주문하지 않아서 남은 음식들이 버려집니다. 영업시간 끝날 때까지 가능한 한 모든 음식이 준비돼 있어야 하거든요. 그랬다가 팔리지 않고 남은 음식은 쓰레기통으로 들어가는 거예요. 우리도 슈퍼마켓에서 과일을 살 때 눌린 자국이 있는 사과는 그대로 두고 유통기한이 얼마 남지 않은 우유나 치즈도 사지 않잖아요. 눌린 자리는 도려내면 되고 우유와 치즈는 유통기한이 지난 뒤에도 먹을 수 있는데 말이에요.

그래서 식품 낭비를 줄이기 위한 몇 가지 법이 도입되었어요. 프랑스와 체코에서는 판매되지 않은 식품을 버리는 행위가 법으로 금지돼 있어요. 팔지 못한 식품은 푸드뱅크(식품의 생산, 유

미국의 한 푸드뱅크에서 식품을 준비한 모습. 종이 가방 겉면에 콩, 수프 등 식품명이 써 있다. ©Victuallers
출처: 위키피디아

통, 판매, 소비 단계에서 남은 식품을 저소득층에게 제공하는 단체)나 다른 사회복지시설에 기부해야 하죠. 정말로 먹을 수 없는 것들은 동물 사료나 농업용 비료로 사용해야 하고요. 프랑스는 면적 400제곱미터가 넘는 슈퍼마켓에 이러한 식품 폐기 금지법을 적용해서 2025년까지 버려지는 식품의 양을 절반으로 줄이겠다고 했어요.

모두를 위해 유기농으로!

식량을 생산하는 농업은 많은 자원을 소비하는 데다 환경 피해도 야기해요. 식품 낭비는 그래서 더 나빠요. 독일에서는 국토의 절반 이상이 경작지와 방목지로 이용돼요. 그로 인해 지하수가 오염되고, 온실가스가 배출되고, 야생동물이 쫓겨나거나 죽임을 당하죠. 농업은 우리가 살아가는 데 무척 중요하지만 환경친화적으로 이루어져야 합니다.

친환경 농업과 관련한 몇 가지 제안을 살펴볼까요?

세심한 비료 및 농약 사용 농부들이 키우는 가축의 수는 그 분뇨로 자기 경작지에 거름을 줄 정도의 규모로 제한되어야 해요.

환경에 해를 입히는 독성 물질은 반드시 금지시켜야 하고요.

　　자연과의 더 많은 협력　해충을 퇴치할 때는 독성 물질을 쓰기보다 다른 곤충을 이용하면 좋아요. 가령 토마토에 기생하는 잎응애를 퇴치하기 위해서 잎응애의 천적인 다른 응애류를 투입하는 거죠.

　경작지 가장자리에 나무와 덤불을 자라게 하면 바람을 막아주고, 비에 비옥한 흙이 씻겨 내려가거나 유해 물질이 지하수로 흘러드는 것을 방지해요. 그 밖에도 나무가 그늘을 만들어줘서 물이 적게 증발되어 주변 농작물의 수확량이 많아집니다. 이처

우간다 마사카의 혼농임업. 혼농임업은 환경 개선과 식량난 해소에 도움이 된다. ⓒNatureDan 출처: 위키피디아

럼 농작물을 키우는 농업과 나무를 키우는 임업이 결합한 복합 영농 형태를 '혼농임업'이라고 합니다.

보다 현명한 세금 부과 더 나은 가축 사육 환경을 위해서는 보나 엄격한 규정이 만들어지고 시행되었어야 합니다. 그래야 생산자들이 동물과 노동자를 희생시켜서 육류 값을 내리는 일을 못 할 테니까요. 국가가 육류에 대한 세금을 올려 받는다면 유기농으로 재배한 과일과 채소에는 세금 혜택을 줄 수도 있을 거예요. 시대가 많이 바뀐 만큼 이제 기초 생활 필수품에 대한 세금 제도도 근본적으로 수정할 때입니다.

환경친화적인 식량 생산을 위해서는 아직 해야 할 일들이 많아요. 식량을 얻으려고 우리 삶의 토대인 자연을 파괴하는 일은 이제 끝내야 합니다. 식품 생산 과정에서 발생하는 피해 비용을 생산자에게 더 많이 부담시킨다면 식품 가격은 당연히 더 비싸질 거예요. 그러면 소비자는 보다 의식적으로 식품을 구입하려 할 테고, 값이 비싸진 육류를 덜 먹거나 안 먹고, 식품을 덜 버리려고 노력할 거예요.

기후변화에 관한 정부 간 협의체IPCC는 2019년 8월에 발표한

최신 보고서에서 다시 한번 강조했습니다. 지금까지의 생활 방식을 포기하지 않으면 우리에게 더 이상의 미래는 없다는 사실을 말이에요. 거기에는 화석연료 사용 이외에도 식량 생산의 문제도 중요하게 다루었습니다.

 유기농으로 재배하면 수확량이 떨어져!

그건 맞아요. 농약을 뿌리지 않고 비료를 적게 써서 농작물을 키우면 수확량은 줄어들죠. 그래서 유기농법으로 기존의 농업 방식과 같은 수확량을 얻으려면 더 많은 땅과 물이 필요해요. 유기농 농작물 1킬로그램 당 배출하는 온실가스 양이 기존의 농법을 썼을 때와 똑같거나 더 많지요. 그럼에도 불구하고 자연에는 유기농이 더 좋아요. 유기농 재배에서는 무엇보다 해로운 농약과 비료 사용이 금지되니까요. 유기농법에 더 많은 땅이 들어간다고 해도 유기농 재배를 늘리는 일은 충분히 가능해요. 버리는 식품을 줄이고 식량을 낭비하지 않으면 됩니다. 그러면 수확량은 모두에게 충분할 거예요.

[소비] 현명한 소비로 이끄는 제도

환경을 생각하면서 물건을 사려고 해도 어려움을 느낄 때가 많아요. 대부분의 소비자는 어떤 제품을 만드는 데 얼마나 많은 물이 더럽혀졌고 얼마나 많은 열대림이 벌채되었는지, 또 얼마나 많은 사람과 동물이 고통을 겪어야 했는지 모르기 때문입니다.

그래도 어떤 제품이 전기를 낭비하는지 아닌지는 알 수 있어요.

유럽연합은 2011년부터 냉장고, 세탁기, 텔레비전 등의 대형 전자 기기와 전등에 전력 소비량을 표시하는 것을 의무화했습니다. 이는 에너지 효율 등급으로 표시되는데 현재까지는 A+++가 최고 등급이에요. 물론 에너지 효율 등급이 높은 제품은 대부분 값이 더 비싸요. 하지만 전기세가 덜 들어가기 때문에 어느 정도 시간이 지난 뒤에는 돈을 절약할 수 있습니다. 더 많은 소비자가 에너지 효율에 관심을 가지면 생산자들도 절전형 제품을 만들려고 노력하게 되고요. 그 때문에 환경을 보호하기 위해서는 가능한 한 모든 전자 기기를 에너지 효율 등급이 높게 만들어야 합니다.

이와 마찬가지로 정부는 어떤 제품이 환경에 친화적인지 적대적인지 표시하도록 법으로 규정할 수 있습니다. 그러면 소비자는 어떤 제품이 다른 제품과 견주어 생산 과정에서 더 많은 물과 에너지와 원료를 소비했는지 아닌지 알 수 있을 거예요. 주변 지역에서 갓 수확한 사과나 이웃 나라에서 친환경적으로 생산된 옷은 분명 칠레산 사과나 캄보디아에서 만든 옷보다 자원 효율 등급이 더 높습니다. 이런 점을 분명히 안다면 소비자는 환경을 더 생각하는 결정을 내릴 수 있습니다. 그러면 생산자도 환경에 더 신경을 많이 쓰려고 노력할 테고요.

생산 과정에서 발생하는 환경 피해는 제품의 라벨에 표시만 할 것이 아니라 가격에도 포함시켜야 공정할 거예요. 지금은 그 피해를 생산자가 아닌 모든 납세자가 감당하기 때문입니다. 그렇게 한다면 많은 제품이 무척 비싸질 거예요. 그러면 소비자는 이삼 년이면 벌써 구형이 되는 스마트폰을 계속 수리해서 쓰게 되겠죠.

개인의 자유를 침해하는 거 아니야?

자유는 좋고 소중합니다. 그런데 철학자 이마누엘 칸트는 "개인의 자유는 다른 사람의 자유가 시작되는 곳에서 끝난다."라고 했어요. 다른 사람의 자유를 침해하지 않는 범위에서 자유로울 수 있다는 거죠. 일 년에 몇 번씩 비행기로 휴가를 떠나고, 매일 플라스틱 쓰레기를 버리고, 시속 180킬로미터로 고속도로를 달리는 자유는 다른 사람들의 자유를 침해합니다. 사람들은 더 깨끗한 공기를 들이마시길 바라고, 도심지에서 자동차의 방해 없이 돌아다니고 싶어하니까요. 또 기후 난민이 끊임없이 몰려오는 것도 바라지 않을 거고요.

모두의 삶을 보호하기 위해서 자유는 일부분 제약을 받을 수밖에 없습니다. 금연 조치가 그랬고, 자동차 속도제한과 염화불화탄소 사용 금지도 그랬어요. 자유는 남을 배려하지 않는 무분별한 행동에 대한 변명이 아니니까요.

[쓰레기] 변화를 위해 앞장선 나라들

잘 알다시피 쓰레기에서 새로운 제품이나 원료를 얻는 것을 재활용이라고 하죠. 전 세계 재활용률 1위인 독일에서는 분리수 거한 음식물 쓰레기를 거의 대부분 제대로 재활용하고 있습니 다. 다른 쓰레기도 상당 부분 새롭게 이용하고 있고요. 예를 들 어 폐유리병은 85퍼센트까지 새로운 병과 유리 용기들로 만들 어지는데, 연간 230톤에 달합니다. 새 유리병에는 재활용된 유 리 원료가 60퍼센트까지 들어가 있죠. 그런데 재활용이 제대로 이루어지기 위해서는 올바른 분리수거부터 선행되어야 합니다.

종이도 재활용 비율이 꽤 높습니다. 분리수거한 폐지의 70퍼 센트 이상이 재활용되어 종이나 판지로 만들어지죠. 독일에서 생산되는 판지와 종이는 평균적으로 거의 4분의 3이 폐지로 이 루어졌어요. 이는 많은 자원을 절약하고 온실가스 배출을 줄이 는 일이죠. 재생용지를 생산할 때 물은 83퍼센트, 전기는 72퍼 센트가 적게 들어가요. 재생된 복사용지 한 상자는 5킬로그램 이 넘는 목재를 아끼는 셈이고요.

폐전자 기기도 훌륭하게 재활용될 수 있고, 그것은 법으로도 정해져 있어요. 독일에서는 해마다 1인당 20킬로그램 이상의 전자 기기가 버려집니다. 이 쓰레기는 가치가 꽤 많이 나가요. 스마트폰과 컴퓨터와 카메라는 구리, 은, 금, 백금을 비롯해 귀금속들로 만들어졌기 때문입니다. 대형 화물 트럭 한 대 분량의 폐컴퓨터는 약 50만 유로(약 7억 원)나 나가지요. 그런데 폐전자 기기는 전 세계적으로 5분의 1 분량만 전문적으로 재활용되고 있어요. 대부분은 여전히 쓰레기 집하장이나 소각장으로 보내집니다. 아니면 자연 어딘가에 버려지죠.

플라스틱 쓰레기는 상황이 더 어렵습니다. 플라스틱은 분해되기까지 수백 년이 걸리고 완전히 없어지지 않아서 다른 무엇보다 환경에 해로워요. 그럼에도 불구하고 재활용 비율은 매우 낮습니다. 세계적으로 플라스틱의 재활용 비율은 9퍼센트에 그치며, 12퍼센트는 소각되고, 나머지 79퍼센트는 매립되거나 자연에 버려지고 있다는 연구 결과도 있어요. 따라서 플라스틱을 다시 새로운 원료로 만들기 위해서는 더 많은 노력이 필요합니다. 정부는 플라스틱이 정말로 새로운 원료로 가공되었을 때만 재활용으로 규정해야 합니다. 플라스틱 쓰레기를 화물차에 실어 동유럽으로 보내거나 화물선에 실어 아시아와 아프리카로 보내는 것을 재활용에 포함시키면 안 돼요. 그러면 재활용 비율이 훨씬 나쁘게 나올 테니까 새롭게 시작하는 계기가 될 수 있습니다.

플라스틱 제품을 생산할 때 재활용된 재료를 의무적으로 사용하게 하는 방법도 있습니다. 현재 전 세계에서 플라스틱 관련 규제에 가장 적극적인 곳은 유럽 국가들입니다. 2018년 유럽연합은 2021년부터 빨대, 면봉, 접시 등 10가지 일회용 플라스틱 제품의 사용을 금지하겠다고 밝혔어요. 나아가 2025년부터 페트병의 90퍼센트를 분리수거해 재생하겠다고 했지요.

버려지는 옷들도 당연히 재활용될 수 있습니다. 새 디자인으로 다시 바느질해서 입을 수 있고 걸레로 사용하거나 쿠션이나 베개 커버로 만들 수도 있어요. 하지만 버려지는 섬유제품들 중에서 실제로 재활용되는 비율은 1퍼센트가 채 안 됩니다. 헌옷도 폐전자 기기와 비슷하게 재활용하도록 법으로 규제할 수 있을 거예요.

일회용 쓰레기 금지

물론 처음부터 쓰레기가 생기지 않게 하는 것이 가장 좋은 방법일 거예요. 많은 나라에서는 이미 비닐봉지, 빨대, 플라스틱

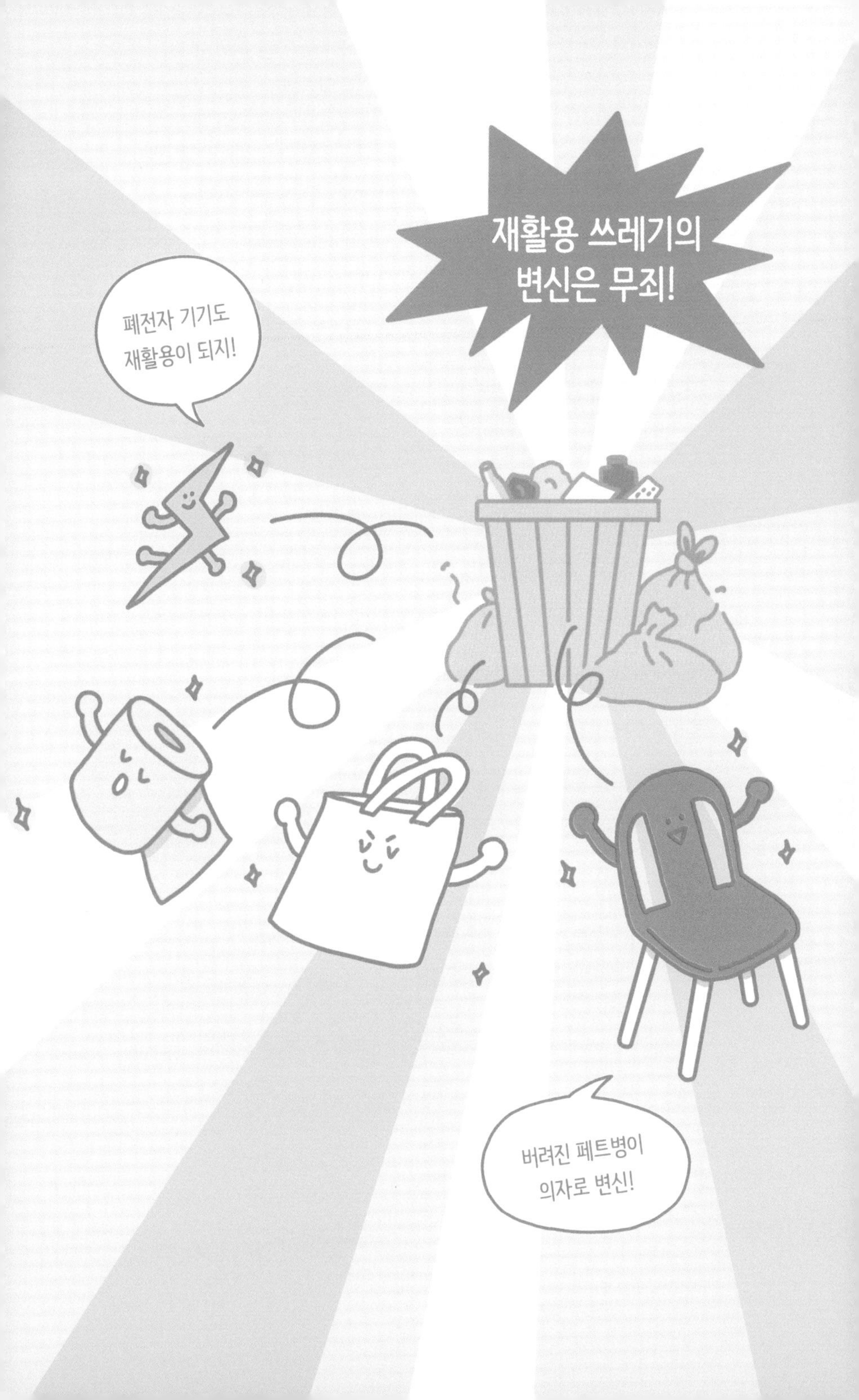
재활용 쓰레기의
변신은 무죄!
폐전자 기기도
재활용이 되지!
버려진 페트병이
의자로 변신!

포크와 나이프 같은 일회용 플라스틱이 금지됐어요. 대표적인 예로 뉴질랜드는 2025년까지 일회용 플라스틱 제품 사용을 완전히 금지할 계획이에요. 이미 2019년부터 일회용 비닐봉지 사용을 대부분 금지했는데, 다양한 플라스틱 제품으로 그 범위를 넓혀 단계적으로 사용을 금지해나가고 있지요.

플라스틱 문제를 더 심각하게 여기는 나라도 있어요. 이탈리아의 경우, 2011년부터 분해해서 퇴비로 만들 수 있는 비닐봉지만 사용이 가능합니다. 아주 강력한 비닐봉지 억제 정책을 펼치는 케냐의 경우, 2017년부터 비닐봉지 사용 금지법을 시행하며 비닐봉지를 사용하는 사람은 물론 만드는 사람, 판매하는 사람 모두를 처벌하고 있고요.

위와 같은 방법들은 쓰레기 줄이기로 나아가는 아주 작은 첫걸음일 뿐이에요.

쓰레기 비용을 생산자에게!

좋은 아이디어가 하나 더 있습니다. 생산자에게 자기들이 만든 제품이 제대로 처리되지 않는 비용을 부담시키는 것입니다. 생산 단계에서 플라스틱에 코드를 입력해 특수 스캐너로 각 제품의 생산자를 구분할 수 있도록 하는 방법은 지금도 기술적으로 가능해요. 이는 전 세계에 퍼져 있는 한 가지 해악을 가장 간단하게 해결하는 방법일 거예요. 바로 담배꽁초 문제입니다. 흡연자들은 담배꽁초를 길거리나 자연에 그냥 버리는 경우가 많아요. 그런데 니코틴과 다른 유해 물질을 완전히 흡수한 필터는 독성이 매우 강합니다. 깨끗한 물 1리터에 담배꽁초 한 개만 들어 있어도 송어 한 마리가 죽는다고 하죠. 필터에 그 담배의 상표를 인쇄해 넣게 하는 방법이 있을 거예요. 물론 소비자가 담배꽁초를 숲이나 길거리에 그냥 내버린 것이 그 담배 회사의 직접적인 잘못은 아닙니다. 그렇지만 담배꽁초 벌금은 제품 생산 비용에 영향을 줄 거예요. 그렇게 거둬들인 돈은 거리 청소를 지원하는 비용으로 쓸 수 있고요.

길거리나 자연에 함부로 쓰레기를 버리는 사람들에게 더 많은 벌금을 내게 할 수도 있을 겁니다. 2015년 싱가포르에서는 상습적으로 담배꽁초를 무단 투기한 사람에게 벌금 1만 5836달러(약 1894만 원)를 물려 화제를 모았어요. 이렇게 강한 벌금을 물린다면 거리는 분명 훨씬 깨끗해질 테지요.

세계 곳곳에서는 담배꽁초에 보증금을 받자는 청원이 제기되고 있습니다. 그렇게 되면 흡연자들은 꽁초를 모아올 것이고, 길거리에 버려진 담배꽁초를 모아 돈을 버는 사람도 생기겠죠.

재고 상품 폐기 금지

식품과 마찬가지로 다른 제품들에서도 엄청난 양의 쓰레기 아닌 쓰레기가 발생합니다. 2019년 봄, 세계 최대 전자 상거래 업체인 아마존은 매일 수백만 개의 상품을 폐기한다는 비난을 받았어요. 팔리지 않거나 소비자가 반품한 상품들이 쓰레기통으로 들어가는 것이죠. 결국 아마존은 기부 프로그램을 도입해

아마존은 창고 보관 물품을 줄이기 위해 매년 수많은 상품을 폐기한다. ⓒ연합뉴스

판매되지 않거나 필요 없는 제품을 폐기하는 대신 자선단체에 기부하기로 했어요.

이렇게 재고품을 폐기하지 않고 사회복지 상점이나 시설에 기부하는 것은 좋은 방법입니다. 다만 그렇게 하려면 먼저 관련 법의 개정이 필요해요. 현재 시행되고 있는 법률에 따르면 기부보다는 폐기하는 편이 판매자에게 더 유리하기 때문입니다. 제품을 팔아서 이익을 내지도 못했는데 기부한 제품에 대해서도 판매세를 내야 하니까요. 2020년 프랑스는 세계 최초로, 팔리지 않은 재고품의 폐기를 금지하는 법을 제정했습니다. 독일의 경우, '순환경제법'을 도입해 제품을 개발, 가공, 처리, 유통하는 주체가 생산 제품을 책임지도록 하고 있어요. 가급적 폐기물 발생을 줄이고, 폐기할 때에도 환경친화적으로 회수 또는 처분할 수 있게 만든 것이지요. 그런데 그 법을 지키지 않아도 제재하는 조항은 전혀 없습니다. 따라서 법으로 정했으면 제대로 지킬 수 있도록 감시하고 관철시켜 나가는 일이 필요합니다.

고쳐 쓰고 다시 쓰기

세계 경제의 발전으로 전 세계 쓰레기 산은 점점 높아지고 있습니다. 바로 수리가 안 되거나 더 이상 수리할 수 없는 제품들 때문입니다. 휴대폰도 그중 하나예요. 대개 휴대폰에서 가장 먼저 망가지는 건 배터리입니다. 예전에는 배터리를 새로 구입해서 계속 사용할 수 있었어요. 그런데 이제는 휴대폰 배터리가 내장되어 배터리 수명이 다하면 아예 제품 자체를 새로 구입할 수밖에 없습니다. 또한 자동차를 비롯한 많은 제품들은 나사로 죄어 조립하는 대신 접착제나 용접을 사용합니다. 그래서 수리를 하려면 제품 자체를 파손하지 않고 내부를 들여다보는 일이 거의 불가능하죠. 또 어떤 제품들은 너무 적은 비용으로 성의 없이 만들어요. '싸구려를 사는 사람은 한 번 살 걸 두 번 산다.'라는 말이 있어요. 빨리 고장이 나는 바람에 자주 교체할 수밖에 없기 때문이죠.

제품은 수리가 가능하게, 배터리는 교체형으로, 기기는 나사로 조여 조립하게 만들도록 규제하는 방법을 생각할 수 있습니다. 또 특정한 제품들은 표준 부품들로 조립하도록 하고요. 그러면 가령 자동차 정비소들은 각 자동차 모델마다 특수한 부품을 비치하지 않아도 될 거예요.

나아가서는 각 지방자치단체들이 이미 시행하고 있는 것처럼 쓰던 물건을 직접 수리하는 방법을 교육하는 것도 좋은 생각입니다. 네덜란드 암스테르담에서 시작된 리페어 카페 Repair Cafe 는 네덜란드 전역으로 확대되었습니다. 자원봉사자인 각 분야 수리 전문가의 도움을 받아 망가진 토스터나 자전거 바퀴, 컴퓨터, 휴대폰 등을 무료로 고칠 수 있지요. 학교에서는 물건을 수리하는 방법과 보다 의식적으로 소비하고 쓰레기를 피하는 생활 습관에 대해 교육하는 것이 중요합니다.

자연에 돌려주기

여러분은 아라비아영양이나 세이셸까치울새에 대해 들어본 적이 있나요? 아마 없을 거예요. 길고 뾰족한 뿔을 가진 아라비아영양이나 세이셸코끼리거북과 함께 살아가는 그 까치울새에 관심을 갖게 된다면 적어도 이론적으로는 한 번쯤 볼 수 있을지도 모릅니다. 아직까지는 지구상에 존재하니까요. 각 정부가 멸종 위기에 처한 종들을 보호하기 위해서 단호하게 대응한 덕분에 이 동물들은 아직 멸종되지 않았습니다. 동물들의 멸종 위기를 막기 위해 자연보호구역을 지정하는 것은 도움이 됩니다. 전 세계적으로 육지의 15퍼센트와 대양의 7퍼센트는 자연보호구역으로 지정돼 있어요. 다만 아직도 철저하게 보호되지 않는 구역들이 있어서 황폐화되거나 불법 포획 및 벌채가 이루어지기도 하죠.

사람들이 마음만 먹으면 멸종 위기에 처한 동물을 구할 수 있습니다. 그러기 위해서는 진짜 제대로 보호되는 자연보호구역이 충분해야 해요. 인간에 의해 포장된 땅과 달라진 물길도 다시 자연에 돌려주어야 하고요. 독일은 2005년부터 브란덴부르크의 하펠강을 복원하고 있습니다. 이는 유럽 최대 규모의 강 복원 사업으로 꼽히기도 했지요. 먼저 강변을 중심으로 90킬로미터에 이르는 곳에서 석판들을 제거해 식물이 자라고 동물이 살 수 있도록 했어요. 제방을 철거해 물길이 다시 살아났고, 강가로 물이 흘러들자 민물꼬치고기들이 강가에 알을 낳을 수 있게 되었지요. 또 원래는 구불구불하게 흐르던 강에 속해 있다가 강을 직선화해 물길이 끊어지면서 형성된 우각호들도 다시 하펠강과 연결되었어요. 덕분에 위험에 처해 있던 약 1100종의 동물이 다시 평화롭게 살 수 있을 거라고 합니다.

모래는 많은 동물의 자연적인 서식지입니다. 모래를 대규모로 채취하면서 서식지가 파괴된 사례는 앞에서 이미 읽었을 거예요. 그 때문에 유엔환경계획은 새 모래 대신 옛 건축 재료를 사용해 정말 필요한 건물만 짓고, 모래 채취를 국제적으로 조정할 것을 요구하고 있어요.

전 세계적으로 아직 보호되어야 하고 자연에 돌려줘야 할 곳은 훨씬 많습니다. 그런 곳들을 제대로 보존하고 그 면적을 더 넓히려고 노력한다면 우리는 위험에 빠진 동물들뿐만 아니라 우리 자신도 보호할 수 있을 거예요.

소비자의 힘

물론 정치적으로만 환경을 보호해서는 안 됩니다. 막대한 환경 피해는 대부분 기업들에 의해서 발생하니까요. 한편으로는 우리가 싼값에 사는 것을 좋아하기 때문이고, 기업들은 최대한 많은 이익을 얻으려 하기 때문이죠.

정치는 법으로 기업을 압박할 수 있고 보조금 지원과 세금 감면으로 보다 친환경적인 제품을 만들도록 독려할 수 있습니다. 우리 소비자들은 구매 행동으로 기업을 조종할 수 있고요. 팜유가 들어간 제품, 페트병에 든 생수, 불필요하게 큰 모터가 장착되고 연료 소비가 많은 대형차를 구매하는 사람이 줄어들면, 그런 제품의 생산량도 줄어들 수밖에 없습니다. 결국 대규모 농장을 조성하려고 열대림을 벌채하는 일이 줄어들 테고, 플라스틱 쓰레기도 적게 발생할 것이고, 연료 소비량도 줄어들 거예요.

소비자가 환경보호에 관심을 가지면 기업도 뒤를 따릅니다.

세계 최대 자동차 부품 기업인 보쉬는 2020년에 전 세계 400개 지사에서 탄소중립을 실현했어요. 재생에너지로 얻은 전기만 사용하고 불가피한 이산화탄소 배출을 만회하기 위해서 환경 프로젝트에 투자하는 방식을 통해서죠. 이어서 보쉬는 2030년까지 제품 생산, 판매, 사용 과정까지 포함해 이산화탄소 배출량을 15퍼센트 줄이겠다고 밝혔어요.

최근 일부 항공사들은 비행기표를 구매하는 고객들에게 각 비행에서 발생하는 이산화탄소 배출량을 공개하고 있어요. 그리고 그 배출량을 세계의 다른 곳에서 어떤 식으로 만회할 수 있는지도 알려줍니다. 그 안내에 따라 고객들은 새 나무를 심는

이제
기업들에게는

친환경이 경쟁력!

다거나 케냐에 보다 효율적인 장작 화로를 보급하는 운동에 기부할 수 있어요. 여행객은 자신의 비행이 기후에 해롭다는 사실을 분명히 알게 되고, 케냐 사람들은 효율적인 화로를 얻는 장점이 있지요. 물론 그 기부가 비행을 정당화해 주는 건 아니에요. 2050년부터는 전 세계에서 더는 이산화탄소를 배출하지 말아야 하니까요.(104쪽 참고)

이제 시작일 뿐입니다. 기업은 고객들을 환경친화적인 행동으로 유도할 때 넛지효과nudge effect를 이용할 수 있어요. '넛지'는 영어로 '옆구리를 슬쩍 찌르다'라는 뜻이에요. 강요 없이 부드럽게 선택을 이끄는 방법을 말하죠. 많은 호텔 객실에는 수건을 하루 이상 사용해 달라는 부탁이 적혀 있어요. 빨랫감을 줄여서 물과 에너지를 절약하기 위해서입니다. 복사기에서 양면 복사 버튼을 앞에 배치한다거나 판지와 플라스틱으로 된 테이크아웃 종이컵에 약간의 돈을 지불하게 한다면, 그것도 넛지효과가 될 수 있을 겁니다.

그 밖에도 환경을 생각하며 일하고 투자한다는 사실을 홍보해 고객을 유치하는 은행과 투자회사들도 있습니다. 투자자들은 그런 은행과 투자회사의 상품들 중에서 '친환경' 회사들에만 투자하고 화석연료로 돈을 버는 기업은 피해서 펀드를 살 수 있어요. 이미 수많은 투자자들이 그렇게 하고 있고, 몇몇 도시와 기관들도 환경에 피해를 주는 기업에는 더 이상 투자하지 않으려 하죠. 외부의 투자금에 의존해야 하는 기업들은 환경에 더욱 신경을 써야 한다는 압박이 커질 수밖에 없어요. 몇몇 기업은 벌써부터 기후위기의 여파를 매우 직접적으로 실감합니다. 유난히 무더웠던 2018년 여름에는 의류 매장에 손님들이 없었어요. 폭풍과 홍수로 인한 피해가 더 많이 발생하는 바람에 보험회사들은 손해를 보았고요.

친환경으로 포장하는 기업들

지금까지 언급한 것들로는 충분하지 않습니다. 기업들이 추진한다는 환경보호 조치들은 실질적으로 환경을 위한다기보다는 친환경 경영을 표방한다는 홍보 목적이 강해요. 이처럼 녹색으로 포장해 친환경 이미지만 내세우는 행위를 그린워싱Green washing이라고 합니다. 위장 환경주의라고도 하지요. 이를테면 에너지 공급 회사들이 실제로는 석탄으로 얻은 전기를 '친환경 전력'이라고 선전하며 공급하는 경우입니다. 심지어는 이런 선전이 합법적이기까지 한데, 친환경 전력을 증명하기 위해 탄소배출권을 구입한 다음 그것으로 이산화탄소 배출량을 낮춰서 계산하기 때문입니다.

스페인에 본사를 둔 글로벌 패션 브랜드 자라의 많은 매장에는 '100% 유기농' 라벨이 붙은 블라우스들이 걸려 있었어요. 유기농은 섬유를 유기농으로 재배했다는 뜻입니다. 하지만 실제로는 라벨만 유기농이었고 블라우스는 폴리에스테르로 만들어졌어요. 니베아나 콜게이트 파몰리브처럼 가정용품과 목욕용품을 생산하는 기업들도 자연 성분을 사용했다거나 유해첨가물을 넣지 않았다고 선전합니다. 대신 자신들의 제품에 인공 보존제와 색소가 들어가 있다는 사실은 말하지 않지요. 또는 자기들 제품이 '유기농으로 인증되고' '지속 가능하다'고 선전하는 기업들도 있습니다. 그런 개념들은 법적으로 확인되는 것이 아닌데도 말이죠. 지속 가능한 친환경 제품을 알아보는 방법에 대해서는 3장에서 알려줄 거예요. 기업들은 녹색 이미지 선전에 많은 예산을 쏟아붓는 대신 친환경 제품, 공정한 무역, 우수한 품질에 투자해야만 합니다.

도대체 기후위기가 뭐야?

기후위기에 대응하는 창의적인 방법

지금까지 지구와 기후를 위해 해온 일들과 앞으로 해야 할 일들은 훨씬 더 많습니다. 환경을 정말로 보호하기 위해서는 창의성이 필요해요.

네덜란드의 청년 발명가 보이안 슬랏은 19세에 해양 쓰레기를 치우기 위해서 오션클린업The Ocean Cleanup을 설립했어요. 이 프로젝트의 목표는 최대한 적은 비용으로 최대한 많은 플라스틱 쓰레기를 수거하는 장치를 개발하는 것이었지요. 오션클린업이 개발한 수거 장치는 바람과 물결과 해류로 작동해요. U자 형태로 물에 띄운 수백 미터 길이의 플라스틱 튜브가 해류에 따라 이동하며 쓰레기들을 한데 모으지요. 이 튜브 아래에는 3미터 길이의 촘촘한 망이 달려 있어서 쓰레기를 더 잘 모을 수 있습니다. 이렇게 모아진 플라스틱 쓰레기는 배에 실려 육지로 옮겨져요. 그런데 연구자들은 플라스틱 쓰레기의 70퍼센트는 이미 바다 밑에 가라앉았을 거라고 봐요. 따라서 쓰레기를 수거하는 것으로는 충분하지 않고, 처음부터 쓰레기가 바다로 흘러드는 일이 없도록 막아야 합니다.

네덜란드 해안가에 설치된 오션클린업 장치. 네덜란드 정부 등의 지원을 받아 만들었다. ©연합뉴스

쓰레기 발생 자체를 최대한 없애려는 운동으로 C2C 프로젝트가 있어요. 영어로 'Cradle to Cradle'의 약칭으로 '요람에서 요람까지'라는 뜻입니다. 유럽의 복지 정책을 설명하는 '요람에서 무덤까지'라는 유명한 말에서 따왔어요. 각 제품의 생애 주기는 단순히 사용되고 나서 묻히는 것으로, 즉 요람에서 무덤까지로 끝나면 안 되고 새로운 삶을 얻어 다시 사용되어야 한다는 뜻을 담고 있습니다. 이상적인 경우 모든 자원이 계속 새로운 제품으로 가공되겠지요. 가령 완전히 망가진 세탁기는 일단 개별 부품들로 해체합니다. 그런 다음 어떤 부분들은 다시 조립해서 사용

하고, 나머지는 플라스틱과 금속과 다른 재료들을 종류별로 분리해 잘게 자릅니다. 마지막으로 이렇게 분리한 재료들을 원료로 다시 새 제품을 만드는 것이죠.

그런데 C2C 아이디어는 이제 막 시작 단계이고 지금은 거의 실현되지 못하는 실정입니다. 망가진 제품을 완전히 해체하고 재활용하는 시설들이 없기 때문이에요. 게다가 모든 생산에 필요한 에너지를 환경친화적으로 만들어내는 일도 아직은 한참 멀었고요.

2018년 독일에서는 세계 최초로 수소를 연료로 한 수소 열차가 운행되었어요. 차량 천장에 수소 연료 탱크와 연료 전지를 탑재하고, 수소와 산소의 반응으로 전기를 만들어내는 방식이죠. 증기와 물만 배출되고, 쓰지 않는 전력은 저장해두기 때문에 매우 환경친화적인 이동 수단으로 꼽혀요.

수많은 컴퓨터가 가동되는 전산 센터에서는 엄청난 열이 발생해요. 독일 드레스덴의 한 기업은 여기서 발생하는 열을 건물의 난방에 이용하고 있어요.

기술자들과 연구자들은 뭔가를 포기하지 않으면서 보다 환경

세계 최초의 수소 열차인 코라디아 아이린트(Coradia iLint)의 모습. 이 열차는 하루 약 1천 킬로미터를 주행할 수 있다. ⓒ연합뉴스

친화적으로 살아갈 수 있는 다양한 방법들을 찾으려고 끊임없이 궁리해요. 가령 새로운 친환경 기술과 연료를 개발하는 것이죠. 영국의 연구자들은 최근 물과 태양 에너지로 자동차 연료를 생산하는 가능성을 시험하고 있어요. 나이지리아의 한 축구장에서는 선수들이 잔디 위를 달리면 전기가 만들어져요. 잔디 아래 설치한 특수한 판들이 선수들이 내딛는 발걸음을 전기로 전환시키는 것이지요.

아프리카 동남쪽에 위치한 마다가스카르섬 주변 바다에는 물고기가 예전처럼 많지 않아요. 그러자 생계에 위협을 받은 어부들이 좋은 생각을 떠올렸어요. 해조류를 키워서 유럽의 식품 업체와 화장품 회사들에 판매하기 시작한 거예요. 해수면 상승으로 농사를 망치게 된 방글라데시의 저지대 주민들도 대안을 모색했어요. 이들은 지금 작은 새우를 양식하거나 물에 떠 있는 수상 정원에서 과일과 채소를 키우며 살아가요.

갖가지 아이디어로 새로운 것을 시도하는 스타트업 회사도 많습니다. 독일 스타트업 리프 리퍼블릭은 아시아와 남아메리카 등에서 들여온 식물의 잎으로 친환경 포장 용기들을 만들어요. 물론 이런 제품도 일단은 어딘가로 운반되어야 하지만 적어도 사용 뒤에는 완전히 분해되어 퇴비가 됩니다. 독일 바이에른주의 한 회사는 플라스틱 포장재를 사용하지 않으려고 과일과 채소에 상품 정보를 일종의 문신처럼 새겨서 제공하고 있어요. 또 독일 함부르크에 있는 스타트업 회사는 플라스틱 쓰레기를 거래하는 플랫폼을 개발했고요.

또 다른 회사는 합성섬유에서 나오는 미세플라스틱이 바다로 흘러드는 것을 막기 위해 미세플라스틱을 거르는 세탁망을 생산하고 있어요. 독일 니더작센주의 한 스타트업 회사는 버려지

과일과 채소 표면에 레이저로 라벨을 새기면, 불필요한 포장과 에너지 사용을 줄일 수 있다. ⓒ연합뉴스

는 우유를 섬유로 가공해 옷을 만들어요. 못 먹는 우유를 버리지 않아도 되고, 우유 섬유를 만들 때 들어가는 물의 양은 목화를 재배할 때보다 훨씬 적어요.

각종 프로젝트와 단체, 기업은 새로운 아이디어를 발굴하고 지원하는 일을 주관해 상금을 수여해요. 나아가서는 국가에서 지원하는 발명과 스타트업도 있고요. 따라서 창의적인 아이디어가 있는 사람은 새로운 발명으로 환경을 보호할 뿐 아니라 돈도 벌고 일자리도 창출할 수 있습니다.

　도대체 기후위기가 뭐야?

지금까지 설명한 조치들만으로는 파리협정의 목표를 달성하지 못합니다. 목표를 이루기 위해서는 훨씬 더 많은 일들을 실천해야만 합니다. 다른 무엇보다 우리의 생각을 바꿔야 하고 우리 삶의 우선순위를 다르게 정해야 해요. 경제성장은 더 이상 우리 행동의 최고 목표가 되어서는 안 됩니다. 선진국에서는 현재 수준의 복지를 유지하는 한편, 다른 나라들에서는 복지를 향상시키려는 노력이 최우선 순위가 되어야 해요. 저개발국 국민들도 당연히 더 잘살기를 바랄 테니까요. 더 잘산다는 건 처음에는 더 많은 자원을 소비하고 더 많은 환경을 파괴할 거예요. 하지만 일단 생활이 어느 정도 풍요로워지면 저개발국 국민들도 환경에 더 많은 관심을 쏟게 되겠지요. 그때까지 선진국은 좋은 본보기를 보이며 자원 낭비와 환경 파괴를 최대한 줄이기 위해 노력해야 합니다.

　사람들은 지구를 위해서 진정으로 온 힘을 기울이지는 않으면서 송전탑과 풍력기와 태양광 패널을 어디에 설치할지를 놓고 논쟁을 벌입니다. 정부는 이산화탄소 배출에 적절한 세금을 부과하거나 가스기관이나 중유기관 같은 내연기관을 즉각 금지시키는 것에 합의안을 만들어 내지 못하고 있고요. 그렇게 하면 에너지를 절약하고 이산화탄소 배출을 줄일 수 있는데도 말이죠. 모두들 다른 나라 사람들이 훨씬 더 환경을 해친다며 그쪽으로 시선을 돌리길 좋아합니다. 그러면서 막상 자기 집 전기 스위치를 더 자주 끈다거나 자전거를 이용하려는 노력은 게을리하죠.

　이제는 우리 모두가 환경을 대하는 태도를 근본적으로 바꿔야 할 때입니다. 각자 실천할 수 있는 일들은 많습니다. 여러분이 할 수 있는 일 말이에요.

3장

우리는 어떻게 지구를 구할 수 있을까?

[에너지] 생활 속 에너지 절약하기

대부분의 환경오염은 전기와 열을 생산하는 과정에서 발생합니다. 여러분도 각자 집에서부터 에너지 절약을 실천할 수 있어요. 가정에서 전기를 아끼는 방법은 여러 가지가 있지요.

효율적으로 전기 사용하기

전원 스위치는 더 자주 끄세요. 다른 일을 할 때는 텔레비전이나 컴퓨터를 켠 채로 두지 마세요. 방에 사람이 없을 때는 반드시 전등을 꺼야 합니다. 전자 기기들은 대기모드 상태에서도 전력을 소비해요. 텔레비전을 껐는데도 빨간색 작은 표시등이 들어와 있는 것을 보면 알 수 있지요. 모든 전자 기기를 전원 스위치가 달린 콘센트에 꽂아 둔다면 스위치 한 번 누르는 것으로 모든 제품의 전기를 차단할 수 있습니다. 배터리가 내장된 전동 칫솔과 전기면도기, 휴대폰 같은 기기도 마찬가지예요. 이런 기기들은 충전이 필요할 때만 전기 코드를 꽂아 두어야 해요. 충전이 끝난 뒤에도 전력을 계속 끌어들이거든요.

또 제품을 구입할 때 불필요하게 큰 것으로 고를 필요가 없습니다. 텔레비전이나 모니터는 화면이 클수록 전력 소비량도 크니까요. 모니터 화면을 조금 어둡게 조절해도 에너지 소비량을 줄일 수 있습니다. 노트북은 데스크톱 컴퓨터보다 전기를 적게 사용하면서도 대부분의 기능은 똑같아요. 대신 모니터 기능을 절전모드로 설정하는 것을 잊지 말아야죠.

집 안의 조명은 절전형이나 더 좋게는 엘이디^{LED} 전등을 사용하세요. 엘이디 전등은 절전형이나 백열전구보다 전력 소비량이 적은 데다 수명도 길어요. 다만 아직 일반 백열전구를 가지고 있다면 일단은 그것부터 다 써야겠죠.

벽은 밝은 색으로 칠하거나 환한 색 벽지를 바르는 것이 좋습니다. 그러면 더 많은 빛이 반사되어 실내가 훨씬 밝아지거든요.

전자 기기는 대체로 저녁 늦게 사용하는 것이 좋습니다. 휴대폰도 밤에 충전하는 것이 좋고요. 사람들이 집에서 전기를 가장 많이 사용하는 시간은 대부분 늦은 오후와 이른 저녁이에요. 일을 마치고 돌아와 음식을 준비해서 먹고 텔레비전을 보는 시간이니까요. 그럴 때는 여러분의 가정에서 친환경 전기를 사용한다고 해도 그것만으로는 부족한 경우가 생깁니다. 그래서 때때

일상 속 전기 절약
단 **몇 초**면 충분해!

로 화력발전소에서 생산한 전기가 공급되기도 하죠.

머리를 감고 나서는 자연 바람으로 말리고 전력 소비량이 많은 드라이기는 사용하지 말아야 합니다.

인터넷도 전기를 사용하고, 그 과정에서 전 세계 항공교통만큼이나 많은 이산화탄소를 배출합니다. 인터넷 검색을 하고, 이메일을 보내고, 스트리밍 동영상을 시청할 때도 이산화탄소가 배출됩니다. 전송망과 데이터센터 등을 가동할 때 전기를 쓰기 때문이죠. 또 인터넷에 접속하지 않은 상태에서도 전력은 소비됩니다. 여러분이 온라인에, 그러니까 여러분의 컴퓨터 하드디스크가 아닌 다른 서버에 저장한 모든 것에도 에너지가 필요하니까요. 따라서 인터넷 사용을 줄이면 전기를 아낄 수 있습니다. 구글에 한 번 검색할 때마다 약 7그램의 이산화탄소가 배출된다고 해요. 보통 물 주전자를 데우는 데 15그램의 이산화탄소가 배출되는데 그 절반에 해당하는 셈이지요. 2019년 기준 구글에서 1분에 약 380만 건의 검색어가 올라오는 것으로 보면 상당한 양이에요.

오래된 메일은 삭제하세요. 그로써 서비스 업체의 메일 서버에 저장 공간이 생기고, 서버가 줄면 전력 소비량도 줄어듭니다.

기계 대신 몸으로 움직이기

소형 주방 기기와 정원용 도구들도 전기를 사용하지 않는 대체품들이 있습니다. 가령 전동 거품기 대신 휘젓개, 숟가락을 이용하는 것이죠. 또 진공청소기 대신 빗자루가 있고, 잔디 깎는 기계도 전기를 사용하지 않는 수동 잔디 깎기가 있습니다. 물론 일은 조금 더 힘들겠지만 대신 팔에 힘이 생겨서 좋습니다.

또 엘리베이터 대신 계단을 이용하면 에너지도 아끼고 다리 근육도 튼튼해집니다.

똑똑하게 냉장하고 요리하기

냉장고는 서늘한 곳에 벽에서 조금 떨어뜨려 설치해야 합니다. 그래야 뜨거운 바람이 잘 빠져나가고 열 교환기가 원활하게 작동하니까요.

냉장고 문은 항상 짧은 시간 안에 열고 닫아야 합니다. 바깥의 더운 공기가 안으로 들어가면 냉장고 안의 온도를 다시 낮춰야 해서 전력 소비가 많아지거든요. 뜨거운 음식을 안에 넣어도 그 음식을 식히기 위해서 냉장고가 더 많은 일을 하게 됩니다.

냉장고 안에 성에가 생기면 에너지 사용량이 많아지기 때문에 틈틈이 제거해야 합니다.

냉장고 온도는 너무 낮게 설정하지 마세요. 냉장 온도는 8도, 냉동 온도는 영하 18도면 충분합니다.

전자레인지도 전기 먹는 하마예요. 물론 그것을 대신할 다른 방법이 있습니다. 식은 음식은 낮은 불로 데우면 돼요. 냉동식품은 시간이 더 걸리겠지만 실온에서 자연적으로 녹일 수 있지요. 시간이 더 충분하다면 냉장고에서 해동해도 좋습니다. 그러면 냉장고에 냉기를 전해 주니까요.

요리를 할 때는 냄비와 프라이팬의 뚜껑을 닫아서 에너지를 절약하고 요리 시간도 단축하세요. 전기밥솥 대신 압력솥을 이용해도 시간과 에너지를 아낄 수 있습니다.

물을 끓일 때는 전기 주전자가 가스레인지보다 에너지 소비량이 적습니다. 물은 정말 필요한 양만 넣고 끓이세요.

냉장고와 전기레인지, 또는 다른 가전제품을 새로 구입한다면 에너지 소비 효율 등급을 확인하세요. 등급이 높을수록 에너지가 더 절약돼요. 그 밖에 연간 에너지 소비량도 확인하세요. 각국에서 친환경 제품의 생산 및 구입을 권장하기 위해 환경 마

대한민국의 에너지 소비 효율 등급 표시

· 에너지 소비 효율 등급 라벨에는 효율 등급, 소비전력량, 이산화탄소 배출량 등이
  표시되어 있다.

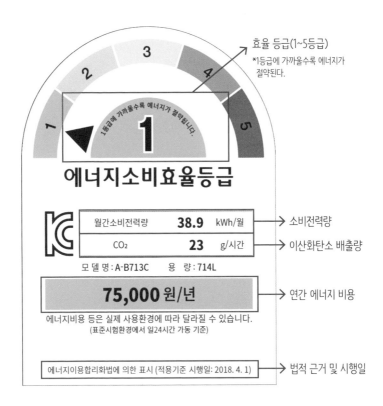

효율 등급(1~5등급)
*1등급에 가까울수록 에너지가
 절약된다.

→ 소비전력량

→ 이산화탄소 배출량

→ 연간 에너지 비용

→ 법적 근거 및 시행일

1등급에 가까울수록 에너지가 절약됩니다.

1

에너지소비효율등급

월간소비전력량	**38.9**	kWh/월
CO₂	**23**	g/시간

모 델 명 : A-B713C   용 량 : 714L

75,000 원/년

에너지비용 등은 실제 사용환경에 따라 달라질 수 있습니다.
(표준시험환경에서 일24시간 가동 기준)

에너지이용합리화법에 의한 표시 (적용기준 시행일: 2018. 4. 1)

출처: 한국에너지공단 홈페이지 자료 참고

크 제도를 시행하고 있으니 쉽게 찾아볼 수 있을 거예요.

필요 이상으로 큰 기기는 구입하지 말고 불필요한 추가 기능이 없는 제품을 고르세요. 혼자 생활하는 사람에게 용량이 10킬로그램이 넘는 세탁기는 필요 없어요. 얼음 정수기가 딸린 냉장고는 보기에는 근사하지만 얼음은 냉동 칸에서도 빨리 얼릴 수 있습니다.

기후위기를 생각하며 난방 사용하기

에너지와 난방비를 아끼는 방법은 간단합니다. 난방을 트는 대신 집에서 따뜻한 스웨터를 더 입으면 됩니다. 많은 전문가들이 겨울철 실내 난방 온도로 18~20도를 권장하고 있어요. 춥다고 난방 온도를 확 높이는 것보다 실내 온도차를 줄여주는 것이 에너지 절약 뿐 아니라 건강에도 좋습니다.

거실 문이나 창문 아래와 같이 바람이 들어오는 모든 구멍은 잘 막으세요. 창문이 제대로 닫히지 않아서 틈이 생기는 곳에는 바람막이 문풍지를 붙이면 간단합니다. 날이 어두워지면 블라인드를 내리거나 커튼을 닫아서 방 안의 온기가 오래 유지되도록 하세요.

밤에는 난방 온도를 낮추되 난방을 완전히 끄지는 말아야 합니다. 그랬다가는 아침에 방을 다시 따뜻하게 데우기까지 훨씬 많은 에너지가 들어가니까요.

창문을 연 상태에서는 난방을 가동하지 말고 야외에서 전기 히터를 사용하는 일은 없어야 합니다. 환기를 위해서는 창문을 짧은 시간 동안 활짝 여는 편이 좋아요. 화장실과 주방은 곰팡이가 생기지 않도록 매일 환기해야 하고, 환기하는 동안 방문은 닫아둡니다.

온도 조절 기능을 켜면 실내 온도에 도달하자마자 바로 난방 가동을 멈추게 해요. 대부분 원하는 시간에 맞춰 프로그램을 입력할 수 있는 온도 조절 장치가 있지요. 그 밖에도 분배기 밸브를 열어 규칙적으로 공기와 물을 빼주면 에너지를 아낄 수 있어요.

온수기나 보일러 온도는 60도로 조절하세요. 장시간 집을 비울 때나 밤에는 전원을 꺼두세요.

에어컨이 설치되어 있다고 해도 그것만은 정말로 사용하지 말아야 합니다. 방은 시원하게 해주겠지만 기후위기를 더욱 고조시키니까요. 냉매에 사용되는 수소불화탄소가 지구온난화에 끼치는 영향은 이산화탄소의 1만 배 수준이라고 합니다. 방 안에 있는 기기들 중에서 텔레비전 같이 열기를 내뿜는 것은 전원을 꺼두세요. 낮에는 창을 어둡게 했다가 저녁에 환기하세요. 너무 더워서 견디기 힘들 때는 선풍기를 사용하고요.

빨랫감은 낮은 온도로 몰아서 세탁하기

많은 세탁기에는 90도로 삶는 기능이 있습니다. 하지만 그 기능은 불필요하고 에너지 소비량도 커요. 빨랫감은 40도에서 세탁이 가장 잘 된다고 하죠. 다만 수건과 속옷은 한 달에 한 번 뜨거운 물로 세탁하는 것이 좋습니다. 그러면 세탁조에 모여 있는 세균을 죽일 수도 있으니까요. 빠른 세탁 기능은 특히 많은 에너지가 소비되기 때문에 이용하지 말아야 합니다.

땀에 전 것이 아니라면 한 번 입었던 옷을 바로 빨지 않고 여러 번 입을 수 있어요. 그러면 옷의 수명도 길어지죠.

세탁기와 식기세척기용 세제는 항상 정량을 지켜서 사용하고, 너무 많은 것보다는 적게 넣는 편이 낫습니다. 인산염이 없고 친환경 마크가 표시된 제품으로 구입하세요. 세탁기는 빨랫감을 충분히 모았을 때만 작동하고요.

건조기는 사용하지 마세요. 빨래 건조대에 널면 저절로 마르니까요. 집 안에서 빨래를 말릴 때는 특히 환기에 신경을 써야 합니다. 그렇지 않으면 습도가 높아서 벽에 곰팡이가 생길 수 있어요.

물을 적게 사용하기

가정에서 사용하는 물의 대부분은 욕실에서 하수구로 흘러들어요. 유럽인들은 하루에 평균 200리터 정도를 사용한다고 해요. 독일인들은 그보다 훨씬 적은 121리터니까 평소에 물 절약을 잘하는 편이죠. 다만 물 소비량에는 이렇게 분명하게 알 수 있는 것 말고도 우리 눈에는 보이지 않지만 제품을 생산하는 과정에서 들어가는 물, 가상수virtual water를 포함시켜야 합니다. 우리는 직접 사용하는 물보다 더 많은 양의 물을 사용하는 거죠.

물은 가정에서도 쉽게 절약할 수 있습니다.

가장 손쉬운 방법은 양치질하고 세수할 때나 설거지를 할 때 물을 틀어 놓지 않는 거예요. 10분 동안 물을 틀어 놓은 상태로 설거지를 하면 100리터 이상의 물이 필요한데, 설거지통에 물

단순 물 소비량으로 알 수 없는
'가상수'의 불편한 진실

93병

커피 한 잔 = **1.5L물 약 93병 필요**

125밀리리터의 커피 한 잔을 만드는 데 커피나무의 재배, 수확, 포장, 운송 과정 등에서 소비되는 물은 약 140리터에 이른다.

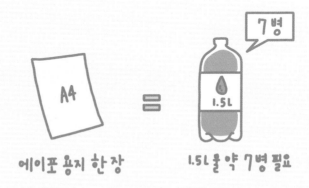

7병

A4

에이포 용지 한 장 = **1.5L물 약 7병 필요**

에이포 용지 한 장을 만드는 데 재배, 유통 등에 소비되는 물은 약 10리터에 이른다.

출처: 환경부 홈페이지, 「가상수란 무엇일까요?」 참고

을 받아 하면 최소 20리터의 물로도 설거지를 할 수 있다고 해요. 한 번 더 헹군다고 해도 60퍼센트의 물을 아낄 수 있죠.

과일과 채소도 흐르는 물 대신 그릇에 물을 받아 씻으세요.

식기세척기를 사용하면 물은 절반 정도만 소비돼요. 이때 남은 음식을 치우고 난 그릇은 물로 씻어 내지 않은 상태에서 식기세척기에 넣어야 합니다. 그렇지 않으면 식기세척기 사용으로 물을 절약하는 것이 아무 소용없는 일이 되니까요.

욕조에 몸을 담그는 목욕은 여러분 자신과 환경을 위해서 최소화하세요. 샤워만으로도 충분히 깨끗해집니다. 샤워는 가능한 한 5분을 넘기지 않도록 하고 비누칠을 할 때는 물을 잠그세요. 비누칠은 말 그대로 샤워 젤 말고 비누를 이용하라는 뜻입니다. 그러면 여전히 많은 샤워 젤에 사용되는 플라스틱 쓰레기와 미세플라스틱을 줄일 수 있어요.

절수형 샤워기를 사용하면 환경에 더 좋습니다. 절수형 샤워기는 일반 샤워기를 사용할 때에 비해 약 30퍼센트의 물을 절약할 수 있어요. 수도꼭지에 절수기를 설치하면 약 20퍼센트의 물을 아낄 수 있고요.

오래전부터 사용되었지만 여전히 유효한 방법도 하나 있습니다. 화장실 변기통에 벽돌이나 그 비슷한 것을 넣어두는 것이죠. 그러면 변기통에 차는 물의 양이 그만큼 적어지기 때문에 변기 물을 내릴 때마다 소비되는 물의 양도 줄어들어요.

물을 아끼면 동시에 에너지도 아끼게 됩니다. 하수를 다시 식수로 정화해 각 가정으로 보내려면 전력을 사용해야 하니까요.

다음 단계로 나아가는 에너지 이용법

전기 없이 살기란 거의 불가능해요. 대신 우리가 사용하는 전기가 어디서 오는지 관심을 가지며 생활할 수는 있습니다. 풍력, 수력, 태양열 등으로 만드는 전기를 요구하는 사람이 많아져야 에너지 공급자들도 점점 더 재생에너지로 얻은 전기를 공급하려고 할 거예요.

적합한 지붕이 있는 곳에서는 태양광 패널을 설치할 수 있습니다. 이때는 국가의 지원을 받을 수도 있어요.

집에 단열재를 설치하는 것도 좋은 방법입니다. 단열재를 생산하는 과정에서 이산화탄소가 배출되겠지만 난방을 적게 사용하는 것으로 만회할 수 있어요. 비용 측면에서도 마찬가지예요. 단열재를 시공할 때는 돈이 들어가겠지만 난방을 적게 하니까

중국 주거 지역에 설치된 태양광 패널의 모습. 중국은 석탄에 대한 의존도도 높지만 그 어떤 나라보다 적극적으로 재생에너지 기술에 투자하고 있다. ⓒ연합뉴스

난방비를 더 많이 아낄 수 있습니다.

　가장 쉬운 방법은 창문을 잘 관리하는 거예요. 대부분의 열은 창문으로 빠져나가니까요. 이중창이나 이중 유리로 된 창문을 달면 집 안의 열을 더 오래 보존할 수 있습니다.

[교통] 더 똑똑하게 이동하기

환경에 가장 좋은 이동 방법은 자기 힘으로 움직이는 거예요. 다시 말해서 걸어 다니거나 자전거나 스케이트보드를 이용하는 것입니다. 당연히 건강에도 좋은 일이고요. 또 아침부터 신선한 공기를 마시며 움직이면 학교에서 집중력도 좋아질 수 있습니다.

자전거로 다니기에는 먼 거리를 자주 다녀야 한다고 해도 꼭 자가용이 있어야 하는 건 아닙니다. 카풀을 이용하면 대학이나 직장까지 방향이 같은 사람끼리 차를 함께 타고 다니면서 연료비를 분담할 수 있습니다. 아니면 자동차 한 대를 여러 사람이 시간 단위로 빌려 사용하는 카셰어링도 괜찮습니다. 업체를 방문해야 하는 렌터카와 달리 카셰어링은 전국에 있는 대여 장소에서 자동차를 빌릴 수 있어요. 카셰어링 서비스를 제공하는 업체에 회원 가입을 해서 원하는 시간에 자동차를 사용하면 되지요. 보통은 월 이용료 없이 자동차를 사용한 시간과 킬로미터에 따라 사용료를 지불하는 방식입니다. 카셰어링은 환경보호를 위해서도 좋아요.

장거리를 이동할 때는 기차를 이용하는 편이 환경에는 더

좋습니다. 부득이한 경우에는 버스를 타는 것도 괜찮은 방법이고요.

비행기 여행은 완전히 포기하는 것이 좋아요. 한 번의 비행만으로도 여러분이 다른 분야에서 친환경적인 생활과 소비로 절약할 수 있는 것보다 많은 온실가스를 배출하기 때문이에요.

여러분의 다음 휴가 여행에 대해서도 간단하게 몇 마디 설명할게요. 겨울에 스키를 타러 갈 계획이라면 눈이 많이 내려서 인공 눈을 뿌릴 필요가 없는 곳으로만 가세요. 그렇지 않으면 단념하는 것이 좋습니다.

잠수를 할 때는 산호와 물고기들과 적당한 간격을 유지하세요. 2미터 정도 떨어져서 관찰해도 아름다우니까요.

무엇보다 휴가지에서 합법적으로 구할 수 있다고 해도 멸종 위기에 처한 동물에서 나온 건 그 무엇도 사지 마세요. 다시 말해서 상아, 산호, 조개나 해마, 털가죽이나 뼈 등은 절대 사지 말아야 합니다. 뱀 껍질과 호랑이 고약 같은 약품도 사지 말아요. 모든 동물과 식물은 원래 있던 곳에 두는 것이 가장 좋습니다. 차라리 사진을 찍어오거나 현지 사람들에게 도움을 주는 수공예품을 사세요.

상어 지느러미, 거북, 돌고래 등 멸종 위기에 처한 동물로 요리한 음식은 먹지 마세요. 인스타그램이나 페이스북에 인증 사진을 올려 근사하게 보이려고 야생동물과 사진을 찍는 행위도 하지 마세요. 그런 관광객이 끊이지 않는 한 새끼 야생동물은

2018년 홍콩에서 샥스핀(상어 지느러미) 판매를 금지하는 시위가 열린 모습. 상어잡이 배들은 상어를 잡아 지느러미만 자른 뒤 몸통은 바다에 버리는 야만적인 방식으로 샥스핀을 얻는다. ©Socheid 출처: 위키피디아

계속 포획되고 그 어미는 죽임을 당합니다. 코끼리 등에 타는 것도 마찬가지입니다. 그 때문에 코끼리들은 말할 수 없는 고통을 겪습니다. 관광객을 태우는 것이 돈벌이가 되는 한 코끼리들은 멸종 위기에 처해 있음에도 계속 포획될 거예요.

[식량] 건강하게 먹고 즐기기

여러분도 이제 잘 알았다시피 우리가 먹는 대다수 식품은 생산 과정에서 막대한 환경 피해를 일으켜요. 그 때문에 의식적인 식생활은 더욱 중요합니다.

고기를 적게 먹던 생활로 돌아가기

더 나은 식생활은 기후위기에 대응하는 가장 효과적인 무기 중 하나입니다. 다시 말해서 햄이나 소시지 같은 육류 가공품과 고기를 지금보다 훨씬 적게 먹거나 먹지 말아야 한다는 뜻이에요. 2015년 세계보건기구WHO는 소, 양, 돼지 등 붉은 고기는 일주일에 500그램 미만으로 먹어야 건강에 좋다고 발표했어요. 그 정도 양이면 일주일에 한 번 꽤 큰 스테이크 한 조각을 먹는 거죠. 불과 수십 년 전만 해도 고기는 일주일에 한 번 정도만 먹는 경우가 많았어요. 유제품과 달걀은 지금보다 훨씬 적게 먹거나 전혀 먹지 말아야 하고, 대신 채소와 콩과 식물, 견과류는 더 많이 먹어야 합니다. 기후변화에 관한 정부 간 협의체IPCC에서도 그 것을 요구하고 있어요. 그렇게 되면 미국, 중국, 유럽, 오스트레

일리아 등지의 광대한 면적을 야생동물을 위한 새 터전으로 제공할 수 있을 거예요.

2050년까지 세계 인구는 20억 명 이상 증가할 거예요. 전 세계 100억 인구가 먹고살 수 있으려면 특별한 날에만 고기를 먹는 식생활로 바꾸어야 합니다.

제철에 나는 로컬푸드 구입하기

식품을 구입할 때는 이제 막 수확 시기인 데다 멀리 운반할 필요가 없고, 최대한 가공하지 않은 것으로 선택하세요. 이처럼 장거리 운송 단계를 거치지 않은, 가까운 지역에서 생산된 농식품을 로컬푸드local food라고 해요. 로컬푸드를 이용하면 소비자는 품질 좋은 먹거리를 살 수 있고, 농업인은 안정적으로 판매할 수 있어 좋지요. 태국산 파인애플과 먼 도시의 공장에서 대량 사육된 닭고기로 토핑한 냉동 피자는 주변 지역에서 나는 밀가루와 채소로 직접 구운 피자보다 훨씬 많은 에너지를 소비합니다. 생산과 포장에서도 더 많은 온실가스를 배출하고 동물에게도 큰 고통을 야기하죠.

집에 베란다나 정원이 있는 사람은 샐러드용 채소, 감자, 파프리카, 그 밖에 다른 채소를 직접 키우면 좋아요. 물은 빗물을 받아서 사용하는 것이 가장 좋고요. 창문턱에 작은 화분을 놓고 각종 허브와 고추, 방울토마토를 키울 수도 있습니다.

식품은 먹을 수 있는 만큼만 구입해야 해요. 값이 싼 대용량 양파보다는 조금 더 비싸면서 양이 적은 유기농 양파를 고르세요. 대용량으로 구입하면 제때에 다 먹지 못해서 결국에는 썩어서 버리기 마련이니까요. 그러니 절대 싼값에 유혹되지 말아요.

주로 집에서 음식을 만들어 먹는 사람은 지역에서 나는 유기농 제품을 구입하고 고기와 유제품은 최대한 피하세요. 그러면 여러분의 탄소발자국을 60퍼센트까지 줄일 수 있습니다. 탄소발자국 carbon footprint 이란 사람이 활동할 때나 상품을 생산하고 소비할 때 직간접적으로 발생하는 이산화탄소의 총량을 의미합니다. 고기와 육류를 많이 먹으면 건강에도 좋지 않으니 소비를 줄이면 더 건강한 삶을 살게 됩니다. 모든 소비자는 자신의 소비를 통해 그 제품의 생산을 후원하는 것이나 다름없어요. 그러니 유기농 제품을 구입하면 유기농법을 장려하는 거예요.

꼼꼼하게 살펴보기

슈퍼마켓에서 판매되는 과일, 채소, 그 밖의 모든 식품에는 생산지와 생산 방식이 적혀 있습니다.

일반적으로 식품을 구입할 때는 최대한 적게 가공하고, 운송 시간이 짧고, 생산지에서 막 수확한 것으로 고르세요. 그리고 어떤 재료가 들어가 있는지 주의 깊게 살펴보세요. 동남아시아와 남아메리카에서는 엄청난 규모의 열대림이 불태워지는데 이는 팜유, 카카오, 사탕무, 콩 등을 재배하기 위해서입니다. 대부분의 가공식품에 팜유와 콩이 들어가니까요. 팜유는 수익성이 좋아서 많은 곳에 사용됩니다. 그렇다면 적어도 지속 가능한 팜유 생산을 위한 협의회^{RSPO}에서 인증을 받은 제품인지 확인해야 합니다. 그 인증을 받았다면 어쨌든 비교적 친환경적으로 만들었다는 뜻이거든요.

버려지는 식품 구하기

식품을 구하세요. 슈퍼마켓에서는 보통 팔다 남은 식품을 버리기 일쑤예요. 그렇다고 창고에 있는 식품을 꺼내 오는 건 불법이에요. 그렇게 하다가 걸리면 주거침입죄와 절도죄로 고소를 당할 수도 있어요.

　버려지는 식품을 구하는 합법적인 방법도 있어요. 현재 세계 곳곳에서는 버려지는 식품을 공유하는 푸드셰어링food sharing 운동이 일어나고 있어요. 유통기한이 임박하거나 파손 등의 이유로 판매 가치가 떨어진 상품들을 소비자와 이어주는 것이죠. 독일의 경우, 푸드셰어링 홈페이지에 가입하면 인근 지역의 어느 한 상점을 담당하는 팀의 구성원이 돼요. 그러면 그 상점에서 버려지는 식품을 무료로 가져올 수 있지요. 가져온 식품은 직접 먹어도 되고 사회복지시설이나 '공정 나눔 센터'에 가져다줄 수도 있습니다. 공정 나눔 센터는 공공장소에 마련된 선반이나 장, 또는 냉장고로, 누구나 여기에 식품을 가져다 놓거나 가져갈 수 있어요.

　인근에 있는 상점들을 직접 찾아가 어차피 버려지는 식품을 가져가도 괜찮은지 물어보는 것도 좋은 방법입니다. 독일에는 이런 좋은 정보를 제공해주는 서비스가 있어요. 예를 들어 스마트폰 어플리케이션 '투굿투고Too good to go'는 다음 날까지 팔지 못해서 처리해야 할 음식을 싼값에 제공하는 가게와 음식점을 알려주죠.

음식물 쓰레기 다이어트,
덜 버리는 것 이 근본적인 해결 방안!

음식점에서 먹다 남은 음식은 포장해서 가져가세요. 음식이 너무 많으면 버리지 말고 이웃과 친구들과 나눠 먹고요.

장을 볼 때 어떤 식품이 보기에 예쁘지 않더라도 구입하세요. 못생긴 과일과 채소도 먹는 데는 아무 문제가 없으니까요. 눌린 자국이 있는 사과에 독이 든 건 아니잖아요. 곰팡이가 생긴 음식만 버리세요.

남은 음식은 버리지 말고 보관해두세요. 대부분 다음 날 좋은 간식거리가 될 수 있어요.

식품은 유통기한이 지난 뒤에도 먹을 수 있습니다. 유통기한에 적힌 날짜는 판매자가 소비자에게 판매할 수 있는 기간을 말해요. 실제 소비 기한은 그보다 길지요. 그러니 유통기한이 지났다면 일단 상태를 확인해보세요. 뭔가 불쾌한 냄새가 나거나 이상하게 보인다면 그때는 버려야 합니다. 거의 무한정 보존되는 물과 소금, 꿀에도 유통기한이 있는 것을 보면 뭔가 불합리하다는 생각이 들어요. 소비 기한이 따로 표시된 경우에만 그 날짜가 지난 뒤에는 정말로 먹지 말아야 합니다. 그것은 고기나 생선, 달걀 같은 상하기 쉬운 식품에 해당해요. 인터넷을 검색하면 이와 관련된 더 많은 정보를 얻을 수 있습니다.

	유통기한	소비 기한
의미	소비자에게 식품을 판매할 수 있는 기한	소비자가 식품을 섭취해도 안전에 이상이 없을 것이라 판단되는 기한
기간 설정	식품의 품질이 변화하는 시점을 기준으로 60~70% 앞선 기간	식품의 품질이 변화하는 시점을 기준으로 80~90% 앞선 기간
섭취 가능 여부	보관 기준을 잘 지켰다면 유통기한을 조금 초과해도 섭취 가능	섭취 불가능

수돗물 마시기

독일인들은 한 달에 평균 열한 병의 물을 사 마셔요. 제품마다 물 한 병의 가격이 다르고요. 독일에서 수돗물 1리터의 가격은 0.2센트(약 2원)에 불과합니다. 1유로로 수돗물은 500리터를 얻을 수 있지만 생수는 겨우 5리터만 사는 것이죠. 수돗물은 생수보다 유해 물질 관리가 훨씬 더 엄격하게 이루어집니다. 수돗물에는 유해 물질에 대한 기준치가 있지만 생수에는 없거든요. 가령 독일의 경우 수돗물에서는 우라늄이 리터당 10마이크로그램 이상 검출되면 안 돼요. 우라늄은 신장을 손상시킬 수 있다고 알려졌으니까요.

따라서 수돗물을 마시는 사람은 환경뿐 아니라 건강도 보호하는 셈입니다. 단 집 안에 설치된 수도관이 납이 흘러나오는 낡은 수도관이 아니라면 말이에요. 여러분 가정의 수돗물 상태가 얼마나 안전한지 알고 싶으면 시의 수도 관리 시설을 통해서 수질 검사를 받을 수 있어요.

페트병에 담긴 생수를 포기하고 싶지 않거나 집에 오래된 수도관이 깔려 있어서 어쩔 수 없이 생수를 사 먹어야 한다면, 생수의 생산지가 적어도 수원지와 가까운 곳인지 확인하는 것이 좋습니다. 수원지가 가깝다면 물이 부족한 가난한 나라에서 오는 물은 아닐 테고 운송 거리가 그렇게 멀지 않을 테니까요.

수돗물이든 생수든 물은 주스나 다른 가공 음료보다는 환경에 좋아요. 주스용 과일은 많은 물과 에너지를 들여 키운 뒤 압착시켜 짜야 하고, 페트병이나 팩에 담아 슈퍼마켓으로 운반해야 하니까요. 뿐만 아니라 주스는 많은 부분이 과당 성분으로 이루어져 있어서 건강에도 그다지 좋지 않습니다.

그러니 돈과 건강, 환경에 가장 좋은 방법은 주스나 음료수를 정말로 꼭 사야만 하는지 심사숙고하는 거예요. 갈증은 수돗물로 해소해도 되는 게 아닌지 잘 생각해보세요.

올바른 인증 마크 확인하기

많은 식품과 제품에는 품질을 보증하는 인증 마크가 붙어 있습니다. 지속 가능하게 생산되었는지, 환경과 동물 복지에 신경을 썼는지 나타내기 위해서죠. 그러나 대부분의 인증 마크에는 일정한 표준 원칙이 없습니다. 그래서 누구나 특별히 근사하게 보이는 마크를 붙일 수 있어요.

그러니 어떤 인증 마크에 신경을 써야 하고 어떤 제품이 정말로 값어치가 있는지 알아봐야 합니다.

[소비] 먼저 생각하고 구매하기

여러분이 지금 진열된 옷들 앞에 서 있다고 생각해보세요. 아니면 온라인 쇼핑몰을 둘러보고 있다고요. 그러다가 꼭 사고 싶은 옷 하나를 발견했다면요?

도대체 기후위기가 뭐야?

대한민국 농식품 인증 마크

• 유기농산물◆ 및 유기축산물◆◆

• 무농약 농산물 • 무농약원료 가공식품 • 무항생제 축산물 • 농산물우수관리(GAP) 인증

• 지리적 표시◆◆◆ • 농산물 이력 추적 • 전통식품 품질 인증

• 원산지 인증

◆ 유기농산물: 화학 비료, 농약, 제초제 등 화학물질을 사용하지 않고 재배한 농산물
◆◆ 유기축산물: 환경친화적으로 건강하게 기른 가축과 그 생산물
◆◆◆ 지리적 표시: 농산물이 해당 지역에서 생산 및 가공되었다는 인증 표시

출처: 국립농산물품질관리원

일단 심호흡을 합니다.

정말로 그 새 바지가 필요한가요? 중고 옷 가게에서 구입할 수도 있지 않을까요?

독일인은 평균 1만 개의 물건을 갖고 있다고 합니다. 그런데 그중 대부분은 거의 사용하지도 않는 것이죠. 입지도 않는 옷들은 옷장 어딘가에 박혀 있고, 갖고 있는지조차 모르는 물건도 허다합니다. 최근에는 자신들이 갖고 있는 물건을 짐으로 느끼는 사람이 많아지면서 새로운 경향이 생겨났어요. 바로 미니멀리즘Minimalism이라는 거예요. 원래는 예술에서 유래한 개념으로 '작은 것이 아름답다'는 원칙에 기초해 최소한의 요소로 사물의 근본만을 표현하는 경향을 말합니다. 이러한 예술 경향에 따라 실제 생활에서도 최대한 적은 물건으로 단순하고 소박하게 사는 미니멀 라이프를 추구하는 것이죠. 많은 사람들이 적은 것으로 더 행복해질 수 있다고 느낍니다.

더 적게, 무엇보다 더 의식적으로 소비하면 마음이 행복해질 뿐만 아니라 환경에도 좋습니다.

치약이나 칫솔처럼 꼭 필요한 물건이 아닌 뭔가를 새로 사고

새 물건에 대한 욕심이 나더라도
정말 필요한 건지
다시 한번 생각해 봐.
나와 지구, 모두를 위해서 말이야.

싶으면 일단 하룻밤이나 며칠이 지난 뒤에 다시 생각해봐요. 그래도 꼭 사고 싶은가요? 그러면 그때 사도 늦지 않습니다. 벼룩시장과 중고 가게에는 한 번도 사용하지 않은 그릇 세트부터 겨울 재킷까지 많은 물건들이 나와 있어요. 인터넷에도 새것 같은 중고품을 거래하는 사이트가 많지요. 그런 곳에서 구입하면 많은 에너지와 자원을 아낄 수 있습니다. 또 단 하나뿐인 물건을 사게 되는 경우도 있고, 때로는 누군가의 이야기를 간직한 물건(예를 들면 고풍스런 그림이 그려진 아주 오래된 옷장)을 구할 수도 있습니다. 게다가 돈도 아낄 수 있지요.

가지고 있는 물건이 고장 나서 새것이 꼭 필요한가요? 고장 난 물건을 고칠 수는 없을까요? 고쳐서 사용하면 새로 구입하는 것보다 환경에 훨씬 더 좋아요. 대부분의 자원은 제품을 생산하는 과정에서 가장 많이 소비되니까요. 직접 고치는 방법을 모르면 전문가의 도움을 받으면 됩니다. 인터넷에서 수리 방법을 찾아보는 방법도 있어요.

처음부터 완전히 포기해야 하는 물건들도 있습니다. 화학물질을 물로 흘려보내는 화장실 방향제, 동물실험을 거쳐 생산된 화장품, 폴리에스테르나 다른 합성수지로 만든 옷들입니다. 재활용 플라스틱으로 만든 플리스 스웨터나 재킷은 재활용이라는 점에서 좋게 들릴 수는 있지만 옷을 빨 때마다 미세플라스틱 섬유가 하수로 흘러들어요.

반짝이도 사용하지 말아요. 반짝이는 화장품과 장난감, 공작풀에 달라붙는 래커로 칠한 플라스틱일 뿐입니다. 그것을 물로 씻어내면 강과 바다로 흘러가 언젠가는 어느 물고기의 배 속으로 들어갈 거예요.

돈을 더 주더라도 좋은 물건 고르기

값이 싼 물건은 수명이 길지 않고 열악한 조건에서 생산되는 경우가 많아요. 여러분이 물건을 싸게 구입하면 다른 누군가는 반드시 그 대가를 치릅니다. 예를 들면 티셔츠 공장의 재봉틀 앞에 앉아 하루에 한 번만 화장실을 가며 매일 12시간씩 노동하는 방글라데시의 어느 노동자가 그렇겠죠. 싼 물건을 사는 건 우리에게도 손해예요. 싼 제품에는 당연히 좋은 재료를 사용하지 않으니까요.

뭔가를 살 때는 소비자 단체의 품질 평가나 다른 구매자들의 평가를 통해서 그 제품의 품질이 얼마나 좋고 얼마나 친환경적인지 알아보세요. 그런 다음 돈을 조금 더 주더라도 수명이 긴 제품을 선택하세요. 그러면 쓰레기를 피하고 자원과 에너지를 아끼고 환경도 보호하는 거예요. 결국에는 여러분의 돈도 아끼는 것인데, 싼 제품은 대부분 여러 번 사야 하는 경우가 많으니까요.

전기를 적게 쓰는 제품도 그렇지 않은 제품보다 값이 더 비쌉니다. 하지만 전기세가 적기 때문에 오래 사용할수록 돈을 아끼는 거예요.

국제산림관리협의회[FSC] 인증 마크가 있는 목재로 만든 제품들도 값이 더 비싸요. 그 인증 마크는 제품에 사용된 목재가 원시림을 훼손하지 않고 지속 가능하게 관리된 숲에서 나왔다는 사실을 보증하는 것입니다.

물건보다 소중한 것 선물하기

여러분이 환경을 생각하면서 물건을 구입한다면 다른 사람들에게도 그 사실을 알리세요. 특히 생일이나 크리스마스, 또는 다른 특별한 날에 여러분에게 뭔가 선물할 사람들에게는 꼭 알리세요. 쓸데없는 새 물건 말고 선물할 수 있는 귀중한 것들은

도대체 기후위기가 뭐야?

얼마든지 많습니다.

물건 말고 멋진 경험을 함께하고 싶다고 말하세요. 가장 좋은 선물은 여러분이 좋아하는 사람과 시간을 함께 보내는 것이니까요. 또는 가지고 있는 물건을 선물로 달라고 하세요. 특별히 마음에 들었던 책이나 즐겨하는 컴퓨터게임 같은 것들이요.

사실 환경을 위해서는 아무것도 사지 않는 게 가장 좋아요. 그게 아니라면 적어도 어떤 물건이 정말로 필요한지, 또는 그저 순간적인 구매욕에 사로잡힌 건 아닌지 잘 생각해 보세요. 사고 싶은 건 한도 끝도 없을 테니까요.

물건을 적게 살수록 쓰레기도 더 많이 줄일 수 있습니다.

[쓰레기] 최대한 적게 버리기

물론 쓰레기는 전혀 만들지 않는 것이 가장 좋아요. 일 년에 작은 유리 용기 하나에 다 들어갈 정도의 쓰레기만 배출하는 데 성공하는 사람들도 있어요. 환경을 위해서 쓰레기를 줄이자는 제로웨이스트^{Zero Waste} 운동에 동참하는 사람들입니다. 이 사람들은 인터넷에서 서로 쓰레기 줄이는 방법들을 교환해요.

외출할 때는 개인 용품 챙기기

밖에서 오래 시간을 보내야 할 때는 음식을 담을 수 있는 통과 컵을 준비하세요. 그러면 일회용 용기를 쓰는 음식점이나 카페에서 이것들을 활용할 수 있어요. 특히 방수를 위해 플라스틱을 입힌 테이크아웃 종이컵은 사용하지 말아야 합니다. 종이컵 안쪽에 입힌 플라스틱 코팅 층이 분리되지 않아서 재활용이 되지 않기 때문이에요.

외출할 때는 여러분이 마실 음료나 물을 스테인리스 텀블러나 유리병에 담아 가지고 다니세요. 그러면 돈도 아낄 수 있습니다.

스낵 코너에서 음료와 음식을 먹을 때 빨대나 플라스틱 포크는 거절하세요. 아이스크림은 당연히 컵이 아닌 콘 아이스크림으로 주문하고요.

시장을 보러 갈 때는 천으로 된 장바구니를 들고 가세요. 그럼 따로 비닐봉지를 사지 않아도 되죠. 이미 갖고 있는 비닐봉

작은 노력으로도

일회용컵 사용 을

줄일 수 있어!

텀블러

일회용컵

일주일간 사용한 컵

지는 최대한 오래 사용하고, 마지막에는 비닐만 따로 모으는 곳에 분리수거하세요.

화학제품 사용 줄이기

음식을 주문해 먹거나 인스턴트 식품을 사는 대신 직접 만들어 먹도록 하세요. 배달 음식이나 인스턴트 식품은 많은 포장재까지 함께 구입하는 셈이니까요.

화학 성분이 강한 욕실 세제는 소다나 베이킹소다로 대신할 수 있습니다. 식초는 주방 세제로 훌륭하고요. 유리창은 그냥 물로도 충분히 잘 닦입니다. 유리창용 수건으로 물기를 닦아 내거나 날짜 지난 신문지로 닦아 윤기를 내도 좋아요. 주방 세제와 세탁 세제는 리필용으로 구입하세요.

섬유유연제는 환경에 해로운 화학물질을 함유하고 있으니 사용하지 말아요. 그 밖에도 섬유유연제에는 동물성 원료가 들어가 있어서 세탁조에 세균과 곰팡이가 생길 수 있습니다.

알루미늄 포일도 사용하지 마세요. 알루미늄 포일을 생산할 때는 특히 많은 에너지가 들어가기 때문에 반드시 재활용되어야 합니다. 그릇에 든 음식을 덮을 때는 알루미늄 포일 대신 접시를 뒤집어 써도 괜찮아요.

포장된 제품은 가급적 구입하지 말아요. 플라스틱 용기에 든 샤워 젤 대신 종이 포장에 든 일반 비누도 효과는 같습니다. 머리도 샴푸와 린스 대신 비누로 감을 수 있어요. 칫솔은 나무 칫솔을 사용하거나 칫솔모만 교체하고 손잡이는 계속 사용할 수 있는 제품으로 구입하세요. 면도기도 날을 교체하는 제품들이 있고 심지어는 예전처럼 나무 손잡이로 된 면도기도 나와요.

여학생들에게는 특별히 일반 생리대나 탐폰 대신 생리컵 사용을 권하고 싶어요. 또 빨아서 다시 사용할 수 있는 천 생리대도 괜찮고요.

종이 아끼기

인쇄는 가능하면 적게 하고, 꼭 해야 한다면 양면을 사용하세요. 가령 학교 과제는 메일로 제출해도 되는지 물어보세요. 메모를 하거나 출력해서 내용을 읽어야 할 때는 이면지를 활용하고요.

집으로 배달되는 광고물이 있다면 그 회사의 고객 센터로 메일을 보내 광고를 더 이상 받지 않겠다고 하고요.

독일 같은 선진국에서 크리스마스 단 하루에 나오는 선물 포장용 종이는 지구 전체를 감쌀 정도로 많다고 합니다. 그러니 날짜 지난 신문지나 예쁜 천으로, 또는 재사용할 수 있는 선물용 봉지들로 포장하세요.

학교에서 사용할 공책, 메모지, 복사용지, 화장지, 휴대용 휴지는 재생지로 구입하세요. 예를 들면 재생지 마크가 붙어 있거나 재생지를 활용해 만들었다는 문구가 들어간 것으로요.

제대로 분리수거하기

어쩔 수 없이 나오는 쓰레기는 반드시 올바르게 처리해야 합니다. 쓰레기 하나를 버릴 때마다 재활용이 되는지 아닌지, 어디로 분류해야 할지 고민하는 일이 무척 번거로울 수 있어요. 하지만 환경을 위해서는 올바른 쓰레기 분리가 무척 중요합니다. 제대로 분리된 쓰레기만 재활용이 가능하니까요. 그리고 재활용되는 쓰레기가 많을수록 에너지와 물과 자원도 그만큼 절약할 수 있습니다.

쓰레기 분리수거는 전혀 어렵지 않아요.

유리병은 폐유리류 수거함에 버리면 돼요. 거울, 전구, 깨진 유리, 도자기는 폐유리류로 배출해선 안 돼요. 깨진 유리는 재활용이 되지 않기 때문에 두꺼운 종이나 천으로 감싸 일반 쓰레기로 버려야 하고요.

종이 상자는 택배 송장이나 테이프 같은 이물질을 떼어내고 종이류로 배출해야 해요. 코팅된 전단지, 영수증, 벽지 등 다른 물질을 입힌 종이나 음식물이 묻은 종이는 재활용되지 않으므로 일반 쓰레기로 버려야 합니다.

음식물 쓰레기는 먹다 남은 음식과 과일 껍질 같은 것들이에요. 비닐봉지 같은 다른 쓰레기와 함께 버리면 절대 안 됩니다. 음식물 쓰레기는 바이오가스를 생산할 수 있기 때문에도 중요해요. 가령 바나나 껍질 하나로 약 30분 동안 전등을 켤 수 있는 에너지를 얻을 수 있지요.

일반 쓰레기에는 재활용이 되지 않으면서 위험 물질이 아니고, 부피가 크지 않은 모든 쓰레기가 포함됩니다. 양초, 고무장갑, 사진, 가죽, 생리대 등이 있지요.

오래된 휴대폰에는 다시 사용할 수 있는 자원들이 많아요. 버리고 싶은 망가진 휴대폰은 재활용 센터에 가져다주거나 폐휴대폰을 수거하는 곳에 보내세요. 폐휴대폰을 수거하는 휴대폰

분리수거의 핵심 네 가지

비운다 → 헹군다 → 분리한다 → 섞지 않는다

플라스틱류

페트병과 플라스틱 용기에 든 내용물은 깨끗이 비우고, 부착된 상표와 뚜껑 등 다른 재질로 된 부분은 제거하고 버린다.

비닐류

과자, 라면봉지, 1회용 비닐봉지에 음식물과 이물질이 묻었다면 물로 2~3번 헹궈 잔여물을 없애고 버린다. 이물질 제거가 어렵다면 종량제 봉투에 배출한다.

스티로폼

라면 국물이 밴 컵라면 용기는 남아 있는 음식물 찌꺼기를 물에 헹군 후 버린다. 이물질이 많이 묻었다면 스티로폼을 쪼개 종량제 봉투에 담아 버린다.

유리병류

유리병은 이물질을 넣지 말고 버린다. 거울, 깨진 유리, 도자기류, 유리 식기류는 종량제 봉투나 전용 마대에 담아 버린다.

출처: 환경부 홈페이지, 「분리배출 방법, 꼼꼼히 알려드려요!」 참고

매장들도 있고요. 오래된 컴퓨터, 어댑터, 잉크 카트리지도 수거 업체에 보내면 보통 재활용할 수가 있습니다. 부피가 큰 폐기물과 낡은 목재도 재활용 센터로 보내야 해요. 절대 자연에 방치하면 안 됩니다. 옷은 따로 마련된 수거함에 버리면 분류해서 재활용이 되고요.

수리할 수 있는 모든 것(오래된 가구, 옷, 고장 난 전자 기기와 자전거)은 차라리 그 물건들을 새로 고쳐서 판매하는 단체나 업체에 연락해 가져가게 하세요. 그러면 자원을 아낄 뿐더러 다른 사람들에게 싼값에 살 수 있게 하겠죠.

재활용 원료로 생산된 제품을 구입하는 것도 재활용을 장려하는 방법입니다. 예를 들면 재활용 원료로 만든 옷이나 신발, 가방을 사는 것이죠.

동식물에게 서식지 만들어주기

모든 사람이 직접 나무를 심을 수는 없기 때문에 자연과 산림 조성을 위해 애쓰는 다양한 환경단체와 프로젝트가 생겨났습니다. 마음만 있다면 숲 생태계를 보호하는 산림 프로젝트에 직접 참여할 수 있어요. 아니면 기부하는 방법도 있습니다. 또 나무 심기 운동을 펼치는 단체를 통해서는 어딘가에 심을 나무를 사거나 선물할 수도 있고요. 독일의 인터넷 검색 엔진 '에코시아'의 경우 검색과 광고 클릭 수익으로 나무를 심겠다고 약속했고, 2020년 기준 약 1억 그루의 나무를 심었다고 합니다.

집에 정원이 있는 사람은 새들과 작은 동물들을 위해서 많은 것을 해줄 수 있습니다. 가장 좋은 방법은 정원을 최대한 꾸미지 않은 채로 두는 거예요. 쐐기풀과 민들레와 다른 잡초가 자라도록 두는 것이죠. 잔디 깎는 기계는 사용하면 안 됩니다. 잔디를 짧게 잘라주면 보기에는 좋지만 꽃이 잘 피지 않게 돼요. 그러면 꿀벌들이 먹이를 구하지 못하게 되고 풀밭에서 살아가는 작은 동물들이 다칠 수도 있습니다.

정원에 작은 동물과 새들을 위한 보금자리를 만들어줄 수도 있어요. 새들을 위한 집을 만들어 놓으면 특히 도시에서 둥지를 틀 곳이 별로 없는 새들을 보호할 수 있습니다. 새들이 더 많이 찾아오게 하려고 일 년 내내 먹이를 주는 것이 좋은가에 대해서는 동물보호 운동가들도 의견이 엇갈려요. 어떤 사람들은 인간이 자연에 너무 많이 개입한다고 염려하고, 다른 사람들은 농약과 먹이 부족으로 새들이 살기가 어려워졌기 때문에 우리가 도와야 한다고 말하죠. 새들에게 먹이를 주고 싶다면 먼저 새들의 종류와 계절에 따라 주의해야 할 점이 무엇인지부터 알아야 합니다. 환경보호 단체나 동물보호 단체의 인터넷 홈페이지에 들어가 보면 상세한 관련 정보가 나와 있어요.

참 쉬운 환경보호 실천법

숲길을 걷고 산을 다닐 때는 몇 가지 간단한 규칙을 따르세요.

- 동물들을 방해하지 마세요.
- 식물을 채취하지 마세요.
- 쓰레기는 다시 가져가세요.
- 나무를 가만히 내버려두세요.
- 길에서 벗어나지 마세요.

- 반려견은 반드시 목줄을 매세요.
- 고양이를 데리고 나올 때는 고양이가 싫어해도 목에 방울을 다세요. 그래야 새들과 다른 작은 동물들을 구할 수 있습니다. 고양이 먹이는 당연히 여러분이 주어야겠죠.

 나 하나 바뀐다고 세상이 달라지겠어?

모든 것이 달라집니다.

어떤 사람들은 탄소세를 도입하거나 테이크아웃 커피를 마시지 않는다고 달라지는 건 없다고 말하길 좋아합니다. 일회용 종이컵은 전체 쓰레기의 극히 일부분에 불과하다거나 자신들은 전 세계 이산화탄소 배출량에서 아주 미미한 책임만 있다고 하면서 말이죠. 그렇다고 그것이 아무런 행동도 하지 않는 근거가 될 수는 없습니다. 인류가 2050년부터 이산화탄소를 배출하지 않으려면 우리 한 사람 한 사람의 행동이 중요하니까요. 물론 세상에 딱 한 사람만 고기를 먹지 않는다면 아무것도 변하지 않을 거예요. 하지만 모두가 그렇게 한다면 우리는 세상을 구할 수 있습니다. 점점 더 많은 사람이 지속 가능하게 생활하고 소비한다면 정치와 기업도 함께하지 않을 수 없습니다. 팜유가 든 제품이나 내연기관 자동차를 사는 사람이 아무도 없다면 기업은 그것으로 더 이상 돈을 벌지 못합니다. 다시 선출되기를 바라는 정치인도 여론의 추세를 따르고 환경보호를 더 진지하게 받아들일 수밖에 없고요. 우리는 정치와 경제 책임자들에게 국민 다수가 원하는 일이 무엇인지 계속 상기시켜야 합니다.

적극적으로 행동하기

정치인은 유권자들의 이해관계를 대변해야 하고, 자기들에게 책임을 맡긴 사람들이 최대한 행복하게 살 수 있도록 노력해야 합니다. 행복한 삶을 위해서는 깨끗한 공기, 물, 자연이 필요해요. 우리의 환경을 깨끗하게 지키거나 다시 깨끗하게 만들기 위해서는 환경을 보호하는 법이 만들어져야 하고요. 그것은 정치가 하는 일입니다. 우리 각자가 최대한 쓰레기를 적게 만들려고 노력할 수는 있습니다. 하지만 처음부터 기업들에게 모든 제품을 플라스틱으로 포장하지 못하게 하는 것이 더 간단할 거예요.

그렇기 때문에 정치인과 기업에 환경보호를 진지하게 생각해야 한다는 점을 상기시켜야 해요. 이런 문제에서는 여러분이 나서야 합니다.

여러분은 정치인들에게 구체적인 요구를 할 수 있어요. 예를 들면 여러분이 사는 도시에 더 안전한 자전거도로를 만들어 달라고 요구하고, 그 요구에 동조하는 사람들의 지지 서명을 모으는 거예요. 이런 지지 서명은 거리 시위를 하지 않아도 어떤 문제가 많은 사람들에게 매우 중요하다는 사실을 알려주니까요. 여러분의 요구를 국회에 청원할 수도 있는데 이를 위해서는 최대한 많은 서명을 모아야 합니다.

거리로 나가 큰 소리로 요구 사항을 말하는 방법도 있어요. 많은 사람들이 끊임없이 탈석탄을 말하고 있는데, 석탄을 채굴하려고 숲을 불태우는 어이없는 일이 벌어지는 경우에는 말이에요. 기후와 환경에 해로운 기술이 계속 장려되고 있는데도 책임 있는 사람들이 50년 뒤 삶에 대해서 별다른 생각을 하지 않을 때는 소리 높여 분노를 표출해야 합니다.

도대체 기후위기가 뭐야?

시위하기

스웨덴의 그레타 툰베리는 여덟 살 때 처음으로 기후위기에 대한 이야기를 들었고 2018년 8월 열다섯 살의 나이로 학교 파업을 시작했어요. 그리고 3개월이 채 지나지 않아서 세계적으로 유명해졌지요. 이렇게 유명해졌다는 것보다 더 중요한 건 그레타의 항의가 사람들을 움직였다는 사실입니다. 세계 곳곳에서 학생들은 금요일에 학교 대신 거리로 나갑니다. 거기에는 충분히 납득할 만한 이유가 있어요. 앞으로 2050년까지 그 학생들 대부분이 아직 50세도 안 되기 때문이에요. 지금 학생들과 그 자식들은 기후위기로 인한 고통의 직접적인 당사자가 될 거예요.

정치인들에게는 그들의 정치적 결정을 나쁘게 생각하는 사람이 점점 많아지고 있다는 사실을 분명히 알려야 합니다. 그럴수록 더 많은 압박을 느껴서 시민들의 이익을 더 많이 대변하려고 노력할 테니까요. 아직 투표권이 없는 학생들도 시민입니다. 그런 점에서 2018년부터 전 세계에서 열리고 있는 '미래를 위한 금요일' 시위는 매우 중요해요. 동맹 휴교일이었던 2019년 5월 24일에는 100만 명이 넘는 세계 청소년들이 참여하기도 했지요. 점점 더 많은 어른들이 학생들의 시위를 지지하고 나서면서

'미래를 위한 부모'와 '미래를 위한 과학자' 운동도 진행되고 있습니다. 나아가서는 '미래를 위한 기업인' 운동도 생겼고요.

그러니 여러분도 그런 운동에 동참하세요. 친구들에게 운동의 취지를 이야기하고, 이 책이나 환경보호에 관해 설명한 다른 책을 빌려주거나 선물하세요. 더 많은 사람이 환경보호에 관심을 쏟고, 정치와 경제에 요구하고, 의식적으로 적게 소비할수록 더 많은 변화를 불러올 수 있으니까요.

집회나 시위를 주최하는 일은 그렇게 어렵지 않아요. 먼저 관할 경찰서에 시위 신고서를 제출한 다음 가능한 한 많은 사람이 동참할 수 있도록 시위 사실을 알리면 돼요. 개인적으로 연락을 돌리고 소셜미디어에 올려서 알릴 수도 있고, 간단하게 교실 칠판에 써서 알리는 방법도 있습니다. 시위 현장에서는 쓰레기를 버리면 안 돼요. 간단한 음식과 음료를 미리 준비해 시위 현장에서 플라스틱 포장에 든 것을 구입하는 일이 없도록 하세요. 나아가서는 주변에 버려진 쓰레기도 함께 주워 모으세요. 물론 폭력을 행사하는 일은 절대 없어야 하고 경찰의 지시를 잘 따라야 하며, 무엇보다 위험한 일은 하지 말아야 합니다. 보통은 시위에 참가하는 것이 위험을 감수해야 하는 일은 아니에요. 그러

나 중국에서는 한 16세 소녀가 환경보호를 위한 시위에 참석했다가 경찰이 찾아오는 일이 있었다고 해요.

어린 학생들이 시위를 벌이는 건 흔한 일이 아닙니다. 그래서 이례적인 일은 많은 사람들의 주목을 받아요. 이런 시위에 대해 말하는 사람이 많아질수록 정치인들에게 가해지는 압박은 더 커질 거예요. 미래를 위한 금요일 시위는 기후 보호를 위한 구체적인 법률안을 마련하는 데 영향을 줄 수 있어요.

항의하기

인터넷에서 소셜미디어를 통해 항의하는 방법도 있습니다. 세계 곳곳 어디서든 접속할 수 있으니까요. 이런 항의도 성공을 거둘 수 있어요. 영국의 유명 패션 브랜드 버버리는 2017년 2860만 파운드(약 467억 원) 상당의 옷과 향수 등을 불에 태워 폐기했어요. 고가 브랜드의 이미지를 지키기 위해서 팔다 남은 옷들을 싼값에 정리하지 않으려 한 거예요. 이 사실이 알려지자 인터넷에서는 엄청난 비난과 항의가 쏟아졌고, 버버리는 결국 앞으로 팔다 남은 옷을 기부하거나 적어도 재활용하겠다고 약속했습니다.

2019년 6월 독일 연방의회에서 열린 청소년 행사에서는 연방 하원 의장이 연설을 하는 동안 자리에 있던 청소년 20명이 바닥에 누웠어요. 그것은 죽은 것처럼 드러눕는 항의 행동인 다이인(Die-in)이었습니다. 학생들은 그런 행동으로 기후위기의 치명적인 결과들에 관심을 갖게 하려 했어요. 이 항의 행동이 연방의회 회의 중에 일어났다면 더 많은 주목을 받았을 거예요. 어쨌든 학생들의 항의는 몇몇 언론을 통해 보도되었습니다.

항의는 무엇보다 창의적인 방식으로 표출되고 명백한 부당함을 겨냥할 때 많은 사람들의 호응을 얻을 수 있습니다.

참여하기

시위에 직접 나서고 싶지 않은 사람은 환경단체에 가입하면 됩니다. 회원 수가 많아질수록 그 단체는 더 많은 영향력을 얻게 돼요.

더 작은 행동으로도 환경 운동에 참여할 수 있어요. 예를 들면 다른 사람과 옷을 교환하거나 물건을 처분하는 것이죠. 그러면 다른 사람에게 환경보호와 의식적인 소비에 대해 관심을 갖게 할 수 있습니다.

아니면 뜻이 맞는 친구들과 연대해서 봉투나 바구니, 양동이를 들고 쓰레기 사냥을 나가는 거예요. 어느 거리나 공원, 바닷가를 청소하는 것이죠. 사람들은 보통 쓰레기가 있는 곳에 더 많은 쓰레기를 버립니다. 그러니 더 이상 쓰레기가 없다면 아마 깨끗하게 유지될 거예요. 쓰레기를 주울 때는 재사용할 수 있는 고무장갑을 착용하고 모은 쓰레기는 정확하게 분리수거하세요. 도로와 너무 가까운 곳은 피해야 하고요. 어떤 미국인은 많은 사람들을 쓰레기 수거 운동에 동참시키기 위해서 쓰레기를 치

프랑스인이 올린 트래시태그 사진. 트래시태그 운동은 SNS 등을 통해 확산되고 있다. ⓒAeroceanute 출처: 위키피디아

운 숲의 전후 사진을 찍었습니다. 그런 다음 '트래시태그^{trashtag}'라는 해시태그를 달아 페이스북에 올렸지요. 그의 사진은 수십만 번 공유되었고, 지금은 전 세계에서 수천 명이 쓰레기를 치우고 인증 사진을 찍어 올리는 운동에 동참하고 있습니다.

정치 활동하기

선거권을 얻으면 반드시 투표에 참가하세요. 기후위기를 진지하게 생각하고 경제적 이해관계보다 기후와 환경보호를 앞세우는 정당들에게 표를 주세요. 가장 효과적인 변화는 정치적 변화이기 때문입니다. 특히 여러분 지역의 정치인을 뽑는 지방의회 선거와 자치단체의 조례를 제정할 수 있는 주민 발안에 참가하세요. 여러분에게는 지역의 정치 현안이 국내 전체 영역이나 국제 영역에서 이루어지는 결정보다 더 빠르고 직접적으로 연관될 때가 종종 있으니까요.

여기서 제시한 것들 말고도 더 많은 방법들이 있을 거예요. 인터넷에서 '탄소발자국 계산기'를 검색해보세요. 여러분 각자가 생활 속에서 얼마나 많은 이산화탄소를 배출하고 있는지 계산할 수 있어요. 여러분이 남긴 탄소발자국을 줄일 수 있는 생활 속 실천 방법들도 알 수 있고요.

이런 모든 방법은 우리가 살아가면서 굉장히 어렵게 생각하는 어떤 것과 관계가 있습니다. 바로 습관을 바꾸는 일입니다. 매일 아침 빵집에 들러 빵을 사고, 저녁에는 인스턴트 피자를 즐겨 먹고, 자전거보다는 자동차로 움직이기를 좋아하는 사람도 그런 생활이 환경에 나쁘고 건강에도 좋지 않다는 사실을 알고 있습니다. 하지만 오랫동안 익숙해진 생활 방식을 바꾸는 일은 결코 쉽지 않아요.

여기서 알게 된 모든 내용에 충격을 받았다면 일단 지금보다는 환경친화적으로 살 수 있는 몇 가지 영역을 고르세요. 어쩌면 일주일에 한 번만 고기와 햄을 먹는 일은 해낼 수 있지 않을까요? 구멍이 난 스웨터를 버리는 대신 기워 입는 건 어떨까요? 가까운 거리는 자동차 대신 자전거를 타는 건요?

우선은 부분 목표를 정하세요. 자동차 없이 한 달 지내기, 두 달 동안 플라스틱 쓰레기 만들지 않기, 일 년 동안 새 물건 사지 않기 같은 것으로요. 그런 다음 다른 사람들에게도 알려서 그것을 챌린지로 만들어보세요. 친구들이 여러분의 목표를 알고 있고 어쩌면 함께할 수 있다는 사실을 알면 여러분도 의욕이 더 커질 테니까요.

또 한 가지 중요한 점이 있어요. 이제 고기는 줄였으니 대신 자동차는 타고 다녀도 되지 않을까 하는 유혹에 빠지지 말아야 합니다. 환경보호는 모든 영역과 연결되니까요.

여러분의 집에 곧바로 태양광 패널을 설치하라는 게 아닙니다. 중요한 건 작은 것이라도 일단 시작하는 거예요. 내일로 미루지 말고 바로 지금부터 말이에요.

나오는 말
진정으로 지구를 위한다면

　우리는 심각할 정도로 지구를 혹사시키고 있습니다. 지구상의 모든 사람이 선진국처럼 생활한다면 지구가 세 개는 있어야할 정도예요. 그래야 모든 식량과 전기와 물건들을 생산하면서동시에 모든 쓰레기와 배기가스와 유해 물질을 수용할 수 있을테니까요. 그러나 우리에게 지구는 단 하나뿐입니다. 그 사실을잊지 않게 하려고 해마다 지구 생태 용량 초과의 날Earth Overshoot Day을발표해요. 인류가 한 해에 소비하는 자원과 배출하는 폐기물의규모가 지구의 생산 능력과 폐기물 흡수 능력을 초과하는 날을뜻합니다. 그날을 기점으로 지구의 일 년치 생태 자원은 모두

소진되고, 이후부터 연말까지는 미래 세대의 자원을 끌어다 쓰는 거예요. 2021년 지구 생태 용량 초과의 날은 7월 29일이었습니다.

우리가 진정으로 원한다면, 불필요한 소비를 포기하고 단호하게 정치적, 경제적 결정을 내린다면, 자연과 동물과 인간을 착취하는 행위를 멈춘다면, 우리는 아직 우리의 삶을 구할 수 있습니다. 그러면 2070년의 세상은 지금보다는 좋아질 수 있을 거예요.

유토피아: 더 아름다운 세상

지금은 2070년입니다.

2021년 인류는 마침내 깨달았어요. 계속 살아남고 싶다면 지금 당장 행동해야 한다는 사실을 말이에요.

이후 선진국들이 앞장서서 실천했습니다. 필요한 지식과 돈이 있고 대부분의 피해는 그들이 초래했기 때문이지요. G20 회원국인 유럽, 미국, 러시아, 중국, 브라질, 오스트레일리아, 사우디아라비아, 남아프리카공화국에서는 모든 정치적, 경제적 결정을 내릴 때마다 그 결정이 지구에 유익한지 해로운지 고려했습니다. 기후 보호는 많은 나라의 헌법에서 인간의 존엄성 바로 다음 조항에 실리게 되었고요.

저개발국을 설득하는 일은 어렵지 않았습니다. 케냐, 나이지리아, 방글라데시, 모잠비크 등의 사람들은 원래 선진국 사람들과 똑같이 살고 싶어했습니다. 빠른 자동차를 타고, 큰 집에서 살고, 전 세계 제품들을 수입하고, 매일 고기를 먹으며 살기를 바랐던 거죠. 하지만 막상 기후 위기가 닥치자 그들은 부자 나라 사람들보다 더 많은 고통을 겪어야 했습니다. 그래서 그들도 함께 나아가지 않을 수 없었지요.

모두가, 특히 부자들이 많은 것을 포기해야 했습니다. 많은 것들이 금지되었고 할당량이 정해졌습니다. 자율에 맡겼을 때는 서로 남에게 미루기만 했기 때문입니다. 내연기관 자동차는 이제 생산되지 않고, 집집마다 단열재가 시공되었으며, 난방과 전기와 물은 사용량이 제한되었어요. 자원 낭비와 환경오염은 범죄 행위가 되었고, 자연보호 지역은 더 확대돼 한동안은 군인들에게 보호를 받았어요. 숲을 불태워 벌채하는 일은 더 이상 불가능해졌고, 농작물은 최대한 땅과 그곳의 생물들을 보호할 수 있는 방식으로 재배되었어요. 의료용과 연구용을 제외한 대부분의 일회용 플라스틱 제품은 당연히 금지되었고요. 아직 먹을 수 있는 식품을 폐기하는 것도 불법이에요. 남은 음식은 필요한 곳에 나눠 주어야 하죠. 이산화탄소 배출에는 높은 세금이 부과됐습니다. 한 사람당 일 년에 이용할 수 있는 비행 할당이 정해졌어요. 비행기를 타지 않는 사람은 자기 몫의 비행 권리를 팔 수 있었지요. 이처럼 많은 것들에 대한 포기는 새로운 것에 대한 발명 욕구를 부추겼습니다. 그 결과 얼마 지나지 않아서 태양에너지로 움직이는 비행기가 처음 하늘을 날게 되었지요. 산업계는 보다 친환경적인 제품을 철저하게 연구할 수밖에 없었어요. 환경에 유해한 모든 제품이 금지됐으니까요.

21세기 초에 담배를 적게 피우고 건강에 더 많이 투자하는 것을 쿨하게 여겼던 것처럼 2021년부터는 사람들이 정말로 환경을 보호하기 시작했습니다. 환경오염과 자원 낭비는 쿨하지 않은 일이 되었고, 플라스틱 코팅을 입힌 종이로 포장한 버거와 치킨을 사는 사람이 없어지자 패스트푸드 체인점들은 모든 포장 용기를 다회용으로 바꿔야 했지요. 어느 나라에서나 포장 용기 보증금 제도가 확립되었고, 장바구니나 텀블러를 가져가지 않아도 빵과 테이크아웃 커피를 살 수 있습니다. 사용한 포장 용기를 가게에 반납하면 보증금을 돌려받을 수 있으니까요. 그런 식으로 하지 못하는 곳에서는 김이나 미역, 해초로 만든 포장재로 제품을 포장해요. 그래서 포장재를 먹을 수도 있답니다. 김과 미역은 거의 모든 해안에서 쉽게 양식할 수 있어요. 따로 경작지가 필요하지 않지요.

각 나라는 자국에서 발생하는 모든 쓰레기를 스스로 처리해야 하고 쓰레기 수출은 금지됐습니다. 포장재와 제품을 완전히 재활용하는 법이 만들어졌고, C2C(요람에서 요람까지) 원칙도 철저하게 시행되고 있습니다.

도로에는 태양광 버스, 전기 택시, 구조 차량을 위한 전용 차선이 정해졌습니다. 나머지 차선에서는 자전거, 화물 자전거, 전동 킥보드, 전기 오토바이가 다닙니다. 대중교통은 외진 마을까지도 정기적으로 들어가요. 사람들은 스마트폰 앱이나 정류장에 비치된 기기로 도착지와 탈 시간을 미리 신청해요. 그러면 누구나 자기 집 근처에서 대중교통을 이용할 수 있지요. 모든 화물 운송은 전기 기차, 바이오가스로 움직이는 화물차, 돛을 단 화물선으로 이루어져요.

많은 제품이 탄소세와 환경세로 훨씬 비싸지자 대여 가게들이 생겨났습니다. 거기서는 전동 드릴, 여름휴가 때 살 고무보트, 가을 도보 여행에 입을 옷가지 등 가끔 사용하는 물건들을 싸게 빌릴 수 있어요. 사람들은 그사이 물건을 적게 갖고 있으면서도 필요할 때는 언제든 모든 것을 사용할 수 있다는 사실을 좋아하게 됐지요. 그것은 21세기 초에 이미 카풀이나 카셰어링 등으로 시작된 일입니다. 집을 공유하며 사는 건 훨씬 오래전부터 있었던 일이고요.

사람들은 어스십이라고 불리던 친환경 집에서 살아요. 2070년 현재는 모든 집이 자연에너지와 재생에너지만으로 완전한 순환 시스템을 갖춘 어스십 형태로 지어지거나 개조되었어요. 지붕에 설치된 태양열 패널들이 전기와 온수를 공급하죠. 많은 집들이 이런 방식으로 자기들이 사용하는 것보다 많은 에너지를 만들어요. 벽이나 지붕에서는 다양한 식물과 덩굴이 자랍니다. 이 식물들은 건물을 시원하게 해주고 이산화탄소를 흡수하며 과일과 채소와 각종 허브를 제공하고요. 커다란 유리창 전면은 햇빛이 들어오는 남쪽으로 향해 있어요. 집집마다 이 태양열을 저장하는 축열기가 있어서 늘 집을 따뜻하게 유지해 줍니다. 수도관에서는 정화된 빗물이 나오고, 하수는 화장실 물로 다시 사용되거나 한 번 걸러져서 집에 딸린 채소밭에 뿌려져요. 집을 새로 지을 때는 그 지역의 흙과 나무를 비롯하여 건축 폐기물과 폐유리 등 재활용된 재료만 사용해야 해요. 납득할 만한 이유 없이 빈집을 그대로 두는 일은 더 이상 허용되지 않습니다. 그래야 쓸데없이 새집을 짓는 일이 없어지니까요. 혼자서 방이 두 개 이상인 집에 사는 사람은 공간세를 따로 내야 하죠.

차들이 훨씬 적게 다녀서 도시에 녹지가 많아졌고 아이들은 밖에서 마음껏 뛰어놀 수 있어요. 수많은 주차장은 공원으로 변했고 고속도로에는 풍력기와 전봇대들이 세워졌어요. 과거 자동차 전시장이었던 곳에서는 이제 샐러드용 채소와 배추와 버섯을 키웁니다. 도시의 공원이나 거리 곳곳의 집들 주변에는 누구나 따 먹을 수 있는 식물이 자라고요. 도시 관리인들이 공원과 녹지를 관리하죠. 지하 주차장들에는 주민들을 위한 사랑방, 피트니스 공간, 공작소, 놀이방이 마련돼 있어요.

전기는 태양, 바람, 물, 지열 같은 에너지로만 생산돼요. 하늘 높은 곳에서는 연처럼 생긴 장치들이 끊임없이 불어오는 바람을 붙잡아두죠. 이 장치들은 풍력기보다 저렴하고, 소음을 안 내고 보기 흉하지도 않아요. 태양전지와 풍력 시설들의 효율은 훨씬 높아졌어요. 그럼에도 불구하고 사람들은 계속 전기를 절약하고 에너지 효율에 관심을 쏟아요.

공기 중 이산화탄소를 걸러내는 시설도 계속 발전했습니다.

탄소세 때문에 커피, 홍차, 바나나, 파인애플이 비싸지자 사람들은 자기 나라에서 나오는 다양한 차와 과일을 즐기기 시작했어요. 독일에서는 도토리 커피, 들장미 열매 잼, 쐐기풀 튀김이 대유행이랍니다.

육식을 하는 사람이 먹는 고기는 거의 대부분 인공 고기예요. 방목장에서 평화롭게 풀을 뜯으며 살아가는 동물의 줄기세포에서 배양한 것이지요.

김, 파래 등 해조류의 양식은 더욱 활발해졌습니다. 팜유를 대신하는 기름으로 가공될 뿐만 아니라 공기도 정화하기 때문입니다. 길가와 도로변에 설치된 거대한 관에서 해조류가 이산화탄소, 질소, 미세 먼지를 걸러내죠. 그 결과 대기오염으로 인한 사망자 수는 2021년부터 급격하게 하락했습니다.

근거리 교통비와 지역에서 나는 식품 가격이 싸고, 누구나 전기와 물을 공짜로 할당받고, 많은 물건을 빌리거나 교환해서 사용하니까 사람들은 돈을 많이 아낄 수 있었습니다. 그 돈이 더 많은 소비로 흘러들지 않도록 정부는 일주일 노동시간을 20시간으로 줄였어요. 그래서 소득은 줄었지만 여가 시간은 더 많아졌지요.

"환경 독재야!" 어떤 사람들은 처음에 그렇게 소리쳤고, 고속도로에서 시속 200킬로로 질주하고 일 년에 두 번씩 비행기로 여행하던 시절을 그리워했습니다. 하지만 그런 사람들도 지금은 더 건강하게 살고 있고 자기 자신과 친구들과 가족들을 위해서 더 많은 시간을 보내고 있어요. 할머니 할아버지가 예전에는 도심지에 자동차가 가득했고, 아이들이 밖에서 노는 것이 위험했으며, 놀이터보다 주차장이 많았다고 말하면 지금 아이들은 거의 믿을 수 없다는 표정을 지어요. 또 50년 전

에는 자전거를 타는 사람들이 해마다 수백 명씩 자동차 사고로 죽었다고 하면 어이없다는 반응을 보이고요. 아마 지금의 우리가 200년 전에는 디프테리아와 티푸스에 걸려 죽는 사람이 많았다는 이야기를 들을 때와 비슷한 기분이겠죠.

세계 인구수는 정체 상태입니다. 인구 증가를 끝내는 것이 최선의 기후 보호라는 사실을 알기 때문에 특히 저개발국들이 노력을 기울인 결과죠. 아이를 적게 낳아도 병이 들고 나이가 들었을 때 자녀들에 의지할 필요가 없도록 사회복지 시스템에 투자한 거예요.

얼마 전 학자들은 하와이의 대기 중 이산화탄소 농도가 겨우 343피피엠이라고 발표했어요. 우리의 대기질은 점점 좋아지고 있습니다. 인류가 드디어 올바른 길을 걷고 있고 공동의 목표를 위해 협력하고 있다고 확신합니다. 모두에게 더 나은 삶을 위해서요.

지금까지 묘사한 내용은 유토피아일 뿐입니다. 우리가 힘을 모아 노력했을 때 맞이할 미래의 이상적인 모습이죠. 경제와 정치, 각 도시와 국가, 모든 개인이 함께했을 때 말이에요. 낭비가 심한 지금의 성장 중심 경제에서 환경을 생각하는 공동체로 전환하기 위해서는 뛰어난 외교적 능력과 전문 지식, 우리 각자의 포기와 희생이 필요합니다.

그것은 당장 시급한 일입니다. 지금 10대인 청소년 여러분은 우리가 지금까지의 생활 방식을 바꾸지 않았을 때 발생할 모든 고통을 고스란히 겪게 될 테니까요.

여러분은 팽팽한 긴장감이 감도는 시대에 살고 있습니다. 지금처럼 위중한 기후위기의 시기에 인류는 그 어느 때보다 커다란 과제에 직면해 있습니다. 오늘 우리가 하는 행동은 우리가 수십 년 뒤에도 잘 살 수 있을지를 결정합니다. 다행스럽게도 어린 학생들의 시위는 사람들이 서서히 깨어나고 있고, 변화를 원하며, 더 나은 미래를 위해 싸울 준비가 돼 있다는 사실을 보여줍니다.

어쩌다 잠시 실천하는 것으로는 세상을 구하지 못합니다. 우리 모두가 연대해 지속적으로 함께해야 합니다.

추신: 이 책을 다 읽고 나서 계속 보관하고 싶지 않다면, 친구들에게 빌려주거나 중고 서점으로 가져가세요.

기후위기와 나의 미래

최우리

《한겨레신문》 기자. 기후위기와 환경, 동물권 관련 기사를 많이 썼다.
2020년 한국 언론 최초로 그레타 툰베리를 인터뷰했다.
그해 '올해의 기후변화언론인상'을 수상했다. 책 『달콤한 나의 도시양봉』을 썼다.

지난 2020년, 스웨덴의 기후 운동가 그레타 툰베리와 화상으로 인터뷰를 했습니다. 작은 몸이지만 빛나는 그의 눈을 보며 탄광 속의 카나리아가 생각났습니다. 탄광 속의 메탄이나 이산화탄소 등 유해한 가스 농도가 진할 때 사람보다 먼저 위험 신호를 보내는 새처럼, 지구의 모든 생명체를 대신해 기후위기의 위험신호를 알리고 있다는 느낌이 들었지요.

그레타뿐이 아닙니다. 그레타의 외침에 화답한 전 세계 90여 개 국가 수만 명의 청소년들이 그레타와 함께 '미래를 위한 금요일'이라는 단체 이름으로 기후 운동을 이끌고 있어요. 미국,

캐나다, 유럽, 일본, 동남아시아, 오스트레일리아, 아프리카 등 전 세계 청소년들은 매년 9월 공동으로 기후 파업을 진행하며 정부와 기업, 시민들에게 기후위기 문제의 심각성을 알리고 행동에 나설 것을 촉구하고 있습니다.

　미래를 위한 금요일 활동에 참여하고 있는 한국의 '청소년기후행동' 소속 청소년들은 2020년 3월 정부와 국회가 기후위기 문제에 적극적으로 대응하지 않아 인권을 침해당했다며 헌법재판소에 헌법 소원을 청구하기도 했지요. 이러한 요구에 답하지

2020년 3월 13일, '청소년기후행동'은 정부를 상대로 헌법 소원을 청구했다. 이는 아시아 최초로 청소년들이 주도한 기후 관련 헌법 재판이었다. ⓒ연합뉴스

도대체 기후위기가 뭐야?

않는 국회의원들에게 직접 '행운의 편지'를 써서 보내기도 하고, 대통령 선거에 나선 정치인과 면담을 갖기도 했습니다.

이들이 기후 운동에 앞장서는 이유는 명확합니다. 기후위기의 심각성을 널리 알리고 사회적, 제도적 변화를 이끌어내려는 것이지요. 2021년 5월, '청소년기후행동'에서 활동하고 있는 열일곱 살 윤현정 양을 인터뷰했습니다. 윤 양은 "기후위기는 이제 막 시작되는 문제라 젠더, 인종차별 등 역사가 깊은 다른 사회운동보다는 아직 관심이 적다. 대다수가 산사태를 겪지 않고 폭염 때문에 죽어가지 않기 때문에 자신의 문제라고 공감하지 못해서 더욱 그렇다."고 아쉬워했습니다. 그러면서도 기후 세대의 목소리는 앞으로 더욱 커질 것이며, 내년 대선에서는 모든 후보들의 기후 공약이 토론 주제가 될 거라고 기대감도 내비쳤지요.

청소년들은 아직 투표권이 없습니다. 그러나 그들은 기성세대가 올바른 판단을 해야 한다고 강하게 경고합니다. 지구에서 살고 있는 모든 생명의 안녕을 한순간에 날려버릴 수 있을 만큼 강력한 기후위기 문제에 어른 세대가 지금 당장 대응하지 않으면, 10년 혹은 20년 뒤 자신들이 어른이 되었을 때는 지금처럼 아름답고 평화로울 수 없을 것이라는 깨달음 때문입니다. 청소년들의 이런 외침에 공감하고 우려하는 기성세대가 늘면서 점점 그들과 함께 같은 목소리를 내는 어른들도 늘고 있습니다.

기후위기는 현재진행형

이 책에서도 잘 소개하고 있지만 기후위기는 여러분들이 느끼는 매 순간 진행되고 있습니다. 동아시아에 위치한 한국은 전통적으로 온대기후(남부)와 온대+냉대기후(중부)가 혼재되어 나타났습니다. 사계절의 구분이 분명하다고 교과서에서 배웠는데, 실제는 어떤가요?

최근 한국의 날씨는 기후위기가 실시간으로 진행되고 있는 현실을 그대로 보여줍니다. 남부 지역부터 순서대로 피어오르던 벚꽃, 진달래, 개나리 등 봄꽃은 이제 한꺼번에 꽃망울을 터뜨립니다. 2~3월의 갑작스런 기온 상승 때문에 위도 차이가 의미가 없어지고 있기 때문이지요. 벌과 나비가 꽃을 이동하면서 꽃가루받이를 시작하는 4~5월에는 갑작스럽게 한파가 닥치기도 하지요. 그러면 과일나무들은 열매 맺기가 더 어려워집니다. 남부 지역과 중부 지역을 오르락내리락하며 약 한 달 동안 비를 뿌리는 장마는 점점 그 강도와 기간을 예상하기 힘듭니다.

2020년에는 50일 넘게 왔던 장맛비가 2021년에는 20일도 채 오지 않았습니다. 대신 좁은 지역에 집중해서 내리는 폭우로 피해를 대비하기가 더 어려워졌지요. 40도에 육박하는 숨 막히는 여름철 폭염도 이어졌고요. 지구가 점점 더워진다고 하는데 겨울철 한파는 더욱 매서워졌습니다.

이러한 이상기후가 기후위기의 증거입니다. 기후위기는 단순히 지구가 더워지는 지구온난화의 문제만이 아닙니다. 기상학자들은 지구의 평범한 상태가 깨어지기 때문에 더 무서운 것

2021년 경상북도 포항시는 태풍 오마이스와 집중호우로 인해 큰 피해를 입어 특별재난지역으로 선포되었다.
ⓒ연합뉴스

이라고 하지요. 좁게는 한국 내에서, 넓게는 전 지구를 두고 봤을 때 어느 지역은 가뭄이, 다른 지역은 홍수가, 또 다른 지역은 한파와 폭설이 나타납니다. 2021년 여름 미국과 캐나다에서는 50도에 이르는 폭염이, 유럽에서는 대홍수가 발생한 것처럼요.

이런 변화가 한두 해 사이에 갑자기 생겨난 것은 아닙니다. 역대 지구가 가장 더웠던 해는 2010년대에 몰려 있습니다. 지구의 평정심이 최근 들어 급격히 무너지고 있다는 뜻이죠. 2021년 8월 9일 공개된 유엔 기후변화에 관한 정부 간 협의체IPCC의 6차 보고서 중 제1실무그룹(과학)이 작성한 보고서에서는 산업화 이전보다 지구 평균기온이 1.5도 이상 상승하는 시점이 2014년 때보다 10년 정도 앞당겨졌다고 경고했습니다. 2014년 5차 보고서를 낼 때만 해도 2030~2052년에 도달할 것이라고 경고했는데, 6차 때는 2021~2040년이면 도달한다고 했죠. 과학자들은 산업화 이전보다 지구 평균기온이 1.5도 이상 오르면 전 세계적으로 매우 큰 혼란을 겪을 수 있다고 경고해왔는데 그 시점이 얼마 남지 않았다는 겁니다.

아직도 한국은 외국처럼 심각한 재난이 드물어 당장은 기후위기를 체감하지 못한다는 분 있나요? 최근 몇 년 사이 그렇다

도대체 기후위기가 뭐야?

라고 말할 분들이 많이 줄었을 것 같습니다. 이미 전국 곳곳에서 이상기후 현상이 일어나고 있다는 것을 우리 모두 느끼고 있기 때문이지요.

환경문제가 모든 것을 압도한다

기후위기에 대응하기 위해 190여 개 국가가 맺은 '파리협정'은 본문에서 여러 차례 설명했으니 잘 알 거예요.

우리나라도 2020년 유엔기후변화협약UNFCCC 사무국에 2017년 온실가스 배출량인 7억 910만 톤 기준 24.4퍼센트를 감축하겠다는 2030년 국가 온실가스 감축 목표NDC를 제출했습니다. 하지만 이 목표는 적극적인 대안이 아니었어요. 결국 2021년 2월 유엔기후변화협약 사무국은 한국에 목표를 상향해 다시 제출하라고 요구했습니다. 이에 정부는 2021년 10월, 온실가스 감축 목표를 대폭으로 상향해 2030년까지 2018년 배출량 대비 40퍼센트를 줄이기로 했어요.

이런 사회적 변화를 반영하듯, 한국에서도 많은 사람들이 기후위기의 심각성을 인지하고 대응 방법을 고민하고 있습니다.

탄소 순배출량(자연적, 기술적으로 상쇄할 수 있는 탄소 배출량을 포함한 탄소 배출량)을 0으로 만드는 '탄소중립'은 정부의 노력만으로는 달성하기 어려워요. 정부, 산업, 시민사회가 힘을 합쳐 보다 적극적으로 기후위기에 대응해야 하는 과제가 남았지요. 하지만 이 과제를 풀기가 참 어렵습니다.

기후, 환경문제는 정치, 경제, 사회 문제를 압도하고, 또 다양한 방면으로 영향을 줍니다. 그만큼 문제도 복잡하게 얽혀 있고, 해답도 단순하지 않지요. 모두에게 피해를 주지만 누군가에게는 더 큰 피해를 줍니다. 자산을 최대한 활용해서 이를 극복할 수 있는 누군가가 있고, 그렇지 못해 희생되는 누군가도 있지요. 모두에게 도움이 되는 정책이 필요한데 그러려면 일단 기후변화 속도를 늦추고 막는 방법뿐이에요.

단순하게 생각해볼까요? 홍수나 폭우에 무너지지 않도록 안전한 위치에 잘 지어진 집, 폭염과 한파를 너끈히 견딜 수 있는 에어컨과 난방 시설이 잘 갖춰진 집을 가진 사람보다 그렇지 못한 사람이 기후위기로 인한 피해를 입을 확률이 높겠지요. 기후위기에 대응하는 과정에서 지역 소외, 노동자 소외 문제가 발생할 수도 있고요. 가령 풍력발전소를 설치할 때는 조망권 등의 피해를 보는 지역이 생길 수 있고, 탈석탄 과정에서 석탄 화력발전소와 내연기관 자동차 관련 노동자들의 일자리는 줄어들 수밖에 없습니다.

이 때문에 기후위기 문제는 안전과 생존의 문제이지만, 불평등의 문제도 숨어 있습니다. 한정된 자원을 분배하는 정치와 정책, 경제적 문제가 혼재돼 있기 때문에 정부와 기업, 사회가 함께 대응하지 못한다면 결국 사회 분열과 혼란을 낳을 수 있죠.

하지만 아직 이에 대한 대비책이 충분히 마련되지 못했어요. '탄소중립'이라는 목표를 달성하기 위한 방법이 미완성인 상태입니다. 방법을 찾는다고 해도 이를 이행하는 과정에서 일어나는 여러 불평등 문제를 해소할 수 있는 방안이 제대로 마련되지 못한 실정이지요.

2021년 5월 말 출범한 대통령 소속 '2050 탄소중립위원회'에 장관급 위원 18명과 민간 전문가 77명 등 약 100명의 위원이 참여해 탄소중립으로 가는 길을 그려보고 있어요. 하지만 그 길을 찾기가 좀처럼 쉽지 않아 보입니다. 탄소중립이라는 목표를 이루기 위해서는 현재의 모든 사회체제를 바꿔야 하는데, 정부와 기업은 경제, 산업계에 미치는 부담도 최소화하고자 하니 마땅한 답이 보이지 않는 거예요.

2021년 5월, '2050 탄소중립위원회'가 공식 출범했다. ⓒ연합뉴스

기업과 정부에 노력을 요구하는 이유

탄소 배출량을 줄이기 위한 가장 확실한 방법은 화석연료를 이용하는 에너지원을 줄여가는 것이에요. 이 때문에 세계 모든 국가는 시민들이 사용하는 다양한 에너지원의 '에너지 발전량 비중'을 두고 고심하고 있습니다. 우리나라의 경우 석탄 화력발전 의존도가 높고, 기후위기 대응이 늦기 때문에 한국만의 에너지 전환 방법을 고민해야 한다고 강조하고 있어요.

세계적으로 보면 신재생에너지와 액화천연가스^{LNG} 발전 비중이 늘고 있어요. 2005년과 2020년 한국의 발전량에 따른 전원 구성을 비교한 결과, 한국도 원전과 석탄, 석유가 줄고 신재생에너지와 액화천연가스가 확대되었죠. 그러나 여전히 원전과 석탄 비중이 세계 평균보다 높습니다. 문재인 정부에 들어서 가동 30년이 지난 노후 석탄 화력발전소 10기 중 8기가 폐쇄되었으나 신서천 화력발전소(2021), 고성 하이 화력발전소(2021)가 새로 가동되었고, 강릉과 삼척에서 여전히 석탄 화력발전소가 건설되고 있다는 점은 많은 이들의 비난을 받았지요.

하지만 탈석탄을 위한 정부의 노력이 제자리걸음인 것만은 아닙니다. 2021년 8월, 산업통상자원부는 화석연료 위주의 에너지 시장을 청정에너지 중심으로 재설계하겠다고 밝혔습니다. 건물 일체형 태양광, 그린 수소 상용화, 이산화탄소 포집 저장 활용 기술CCUS 등을 확보하기 위해 민간 기업과 협력하겠다는 의지를 보여주었지요.

그간 아파트 베란다, 빌라 지붕 등에 설치된 '자가용 태양광 패널'은 전력거래소 통계에 잡히지 않았는데, 이러한 전력 시장 외 태양광 발전량을 조사하기 시작한 것도 변화입니다. 2021년 7월 폭염으로 인한 전력 수요 피크 시간대에 자가용 태양광 발전이 전체 전력 수요의 11퍼센트에 달하는 전력을 공급한 것으로 나타났습니다. 산업통상자원부는 앞으로 자가용 태양광 발전을 포함한 전체 태양광 발전량 통계를 매일 산출해 공개하겠다는 포부를 밝히기도 했어요.

재활용 페트병을 식품 용기로 재활용하기 위한 제도가 마련된 것도 반가운 소식입니다. 환경부와 식품의약품안전처가 식품용으로 사용된 투명 페트병을 다시 제조해 식품 용기로 재활용할 수 있도록 제도 개선을 추진하고 있어요. 지금까지는 분쇄 및 세척해 재활용한 원료를 식품과 닿는 곳에는 쓸 수 없게 제한해왔었는데, 앞으로 안전성이 인정된 재생 원료라면 식품 접촉면에도 활용할 수 있게 된 것이지요. 이 제도로 매년 최소 10만 톤 이상의 재생 페트병을 식품 용기로 이용할 것이라 기대하고 있습니다.

2021년 8월 31일, 국회 본회의에서는 2030년 국가 온실가스 감축 목표를 2018년 배출량인 7억 2760만 톤보다 35퍼센트 이상 감축하도록 명시한 '기후위기 대응을 위한 탄소중립 · 녹색 성장 기본 법안'을 의결했습니다. 주요 내용으로는 2050 탄소중립과 2030년 국가 온실가스 감축 목표 명시, 주요 정책 및 계획 심의를 위한 2050 탄소중립 녹색 성장 위원회 마련, 온실가스 감축 등 기후위기 적응을 위한 제도와 시책 시행, 기후위기

2021년 8월, 국회 본회의에서 재석 의원 167명 중 찬성 109명, 반대 42명, 기권 16명으로 '기후위기 대응을 위한 탄소중립·녹색 성장 기본 법안'이 통과됐다.ⓒ연합뉴스

사회 안전망 마련, 중소기업자의 사업 전환 지원, 기후 대응 기금 설치 등이 포함되어 있었습니다. 하지만 여당과 야당이 합의를 도출하지 못한 채 의결된 법안인 데다가 탄소중립 목표 자체에 부담을 느껴온 산업계가 반발하는 법안이라는 아쉬움이 남았습니다. 탄소중립이라는 멀고도 험한 길을 우리는 계속해서 감시의 눈으로 지켜봐야겠습니다.

모든 것이 이어져 있다는 생각

기후 및 환경 관련 뉴스를 보다 보면, 종종 우주라는 거대한 공간에 인간의 존재는 무엇인가 생각하고는 합니다. 인간이 할 수 있는 기후위기 대응의 가장 효과적이자 최종적인 방법은 온실가스 배출량을 줄이는 겁니다. 비행기를 타지 않고, 휘발유나 경유로 움직이는 자동차를 타지 않는 것입니다. 그러나 우스갯소리로 가장 좋은 것은 아이를 한 명 덜 낳는 것이라는 연구도 있습니다. 지구 입장에서는 숲을 없애고, 땅과 바다 속에 매장돼 있는 석탄과 석유를 캐낸 뒤 온실가스를 배출하고, 쓰레기를 많이 만들어 내고 마구 버리는 인간이 싫을 수밖에 없기 때문이지요.

그러나 인간만이 지구에게 새로운 시간을 선물할 수 있을 것이라는 희망도 포기할 수는 없습니다. 지구와 인간의 관계를 깨닫는 순간부터 할 수 있는 일은 무한히 늘어나기 때문이지요.

학교와 학원을 갈 때 타는 자동차에 넣는 기름은 어디서 오는 것이고, 또 자동차가 내뿜는 온실가스가 지구를 얼마나 덥게 하는지, 열대야에 튼 에어컨에 쓴 전기는 어떻게 만들어지는지, 간식으로 사 먹은 떡볶이의 재료인 밀가루와 고춧가루를 구할

도대체 기후위기가 뭐야?

수 없게 되는 시대가 올 수도 있는 건지, 인터넷 쇼핑으로 산 옷을 입지 않고 버리면 어디로 가는지……. 우리가 하는 행동 하나하나는 사라지지 않고 흔적을 남깁니다. 그리고 그 흔적은 돌고 돌아 언젠가는 내가 사는 지구에 반드시 영향을 주지요.

눈 한번만 감으면 편리하게 살 수 있는 방법이 너무 많은데 불편함을 감내하라니 가끔은 짜증나기도 합니다. 하지만 모든 것이 이어져 있다는 생각을 하면 평소 편한 것만 찾던 습관을 바꾸는 데 도움을 줄 것입니다. 분리수거에 신경을 쓰고, 비행기와 자동차 이용을 줄이고, 바람과 태양으로 얻어진 에너지의 가치를 알고, 지구를 나눠 쓰고 있는 다른 생명체에게 고마움과 미안함을 느끼는 것이 시작입니다. "자연에서 쓸모없는 것은 아무것도 없다."는 저자의 말을 곰곰이 생각해본다면 이미 여러분은 멋진 지구인입니다.

10대를 위한 글로벌 사회탐구

도대체 기후위기가 뭐야?

1판 1쇄 펴냄   2021년 11월 25일
1판 2쇄 펴냄   2022년 6월 2일

지은이 안야 로임쉬셀
옮긴이 이수영
그린이 홍화정
해 제 최우리
펴낸이 박상희
편집장 전지선
편 집 송재형
디자인 이슬기

펴낸곳 (주)비룡소
출판등록 1994년 3월 17일 제16-849호
주소 06027 서울시 강남구 도산대로1길 62 강남출판문화센터 4층
전화 영업 02)515-2000 편집 02)3443-4318,9 팩스 02)515-2007
홈페이지 www.bir.co.kr
제품명 어린이용 반양장 도서
제조자명 (주)비룡소
제조국명 대한민국
사용연령 3세 이상

ISBN 978-89-491-5300-1 44300 / 978-89-491-5296-7 (세트)